重庆市人文社会科学重点研究基地四川美术学院视觉艺术研究院规划项目——"艺术与科学研究"学术成果（项目编号：19ZD07）

"大设计"论丛

丛书主编　李敏敏

DA
SHEJI

李丰 著

元宇宙中的『人』与『物』

虚拟现实本体论研究

中国纺织出版社有限公司

图书在版编目（CIP）数据

元宇宙中的"人"与"物"：虚拟现实本体论研究 / 李丰著 . -- 北京 ：中国纺织出版社有限公司，2025.1

（"大设计"论丛 / 李敏敏主编）

ISBN 978-7-5229-1825-9

Ⅰ. ①元… Ⅱ. ①李… Ⅲ. ①虚拟现实－关系－哲学－研究 Ⅳ. ①B0 ②TP391.98

中国国家版本馆 CIP 数据核字（2024）第 112130 号

责任编辑：华长印　石鑫鑫　责任校对：寇晨晨
责任印制：王艳丽

中国纺织出版社有限公司出版发行
地址：北京市朝阳区百子湾东里 A407 号楼　邮政编码：100124
销售电话：010—67004422　传真：010—87155801
http://www.c-textilep.com
中国纺织出版社天猫旗舰店
官方微博 http://weibo.com/2119887771
北京华联印刷有限公司印刷　各地新华书店经销
2025 年 1 月第 1 版第 1 次印刷
开本：710×1000　1/16　印张：9.5
字数：150 千字　定价：98.00 元

凡购本书，如有缺页、倒页、脱页，由本社图书营销中心调换

前言

元宇宙中的"人"与"物"

元宇宙（metaverse）是 2021 年的热点概念，出自科幻小说《雪崩》，在其中"元宇宙"被描述为基于信息技术建立起来的、与物理世界相平行的虚拟空间。大家虽然热衷于使用和讨论"元宇宙"概念，但对其内核缺乏明确的界定。在当下使用中，这一概念在不同语境下往往会被赋予不同的含义。然而在这种模糊性中，我们仍能感受到元宇宙概念所具有的某种指向性。这些理解都指向了与《头号玩家》中的"绿洲"、《黑客帝国》中的"Matrix"或《神经漫游者》中的"赛博空间"等范畴一脉相承的某种内涵。

这些概念与我们耳熟能详的"互联网"概念，一方面有着内在的关联性，即都依赖于信息技术在用户间构建起高效而复杂的连接，从而涌现出一个与物理世界平行的独立场域；另一方面，这些概念与当下的互联网有着本质的区别，即具有"沉浸式"特征。所谓"沉浸"，就技术机制而言，指用户的感官不再与自然物理世界直接相连，每种感官都对接着并接受来自某种人造的感觉通道的刺激，可以让用户与被营造出的虚拟世界充分对接，甚至让用户忽略掉在沉浸前所处的自然物理世界。与此对照，用户与当下互联网的连接主要通过屏幕、键盘等处于自然物理世界的终端设备实现，这让用户仍将自己定位于"现实世界"中，即对于互联网世界是"非沉浸"的。就技术而言，"沉浸"与否似乎只是终端层面的差别，终端之外的底层技术是通用的。但就社会意义而言，这种差别带来的影响是巨大的，这也是此类主题文艺作品巨大感染力的来源。因为沉浸模式使其不再只作为物理世界中的一个部分、一个工具出现，全感官的交互模式向用户提供了另一个可以生活于其中的世界，使其拥有了另外的生存经验。

在此，我们将元宇宙概念明确为两个内核，也表现为人类文明的两个发展趋势。第一是强调数字化或赛博化。回顾一下数字信息技术的发展过程，我们能够看到一条明显的线索，即人类正在文明层面逐渐向数字信息

1

技术所构建的空间迁移。这一趋势的根本原因在于对人性的一种基本理解即我们总倾向于追求更高的效率，更多的可能性，而元宇宙代表了效率最高、可能性最大的存在形式。具体来说，在自然世界中，我们的活动受到自然法则的约束。然而数字空间中的因果关系及各种数字联系都可以由人类自由定义，如电子游戏已经呈现出了极为丰富的可能世界形态。同时，人类的各种意义活动（交往、求知、创造等）本就不必然依赖于物理世界才能展开，其可以被完全信息化并在数字空间中进行。也就是说，大部分有意义的人类活动都可以数字化和信息化。在数字空间中，信息可以更自由地组织和高效流动，相比之下，物理世界中的自然律是人类无法改变的，这对人类在其中的意义活动造成诸多限制。在数字世界中，人类将获得比物理世界更多的可能性，释放更大的创造性。这有着强大的吸引力。

第二是赛博空间正在承担人类越来越多的任务，容纳人类更多的活动。最终赛博空间将能够满足人类所有生存功能，使人类可以永远完全进入其中。这听起来似乎不切实际，但如果不能实现这样的功能，元宇宙概念就不会具有超出现阶段的互联网或虚拟现实等概念的颠覆性意义。这一点在后面会详细阐述。

本书强调基于"落地性"和技术可实现性对元宇宙展开讨论。在当前对元宇宙的热门研究，许多流行讨论只考虑逻辑可能性，而忽略技术可行性，即在逻辑可能性范围内对某种场景进行畅想并展开论述。这在科幻电影、科幻文学及相关文化批评中常见，即都是从一个与当下世界并不连续的世界观出发，通过想象的场景进行大量隐喻式的探讨。笔者期待的研究要避免在基础层面上的逻辑跃迁，而要求与现有技术保持连续性。也就是说，基于现实对未来进行设想，而非纯粹的想象或文学化的类比隐喻，也不是对美学形式的探讨。从现有技术可能性出发开展推理，论证当技术发展到极致时我们可以得出什么结论。这属于关于元宇宙的本体论问题，是一种基础性研究。事实上，各种关于元宇宙的讨论也都无法绕过这些问题。如果要使元宇宙的文化研究更贴近现实而非空中楼阁，不能仅停留在修辞学或启发式表达层面，也需要展开对这些本体论问题的讨论。

从技术上讲，元宇宙目前采取的技术路径大致有以下两种：第一，虚拟现实（VR）式的；第二，脑机接口式的，即让电信号直接与人的大脑皮层连接。未来或许还会出现直接通过脑电技术进行信息交互，但目前这还只是开放的设想。无论采用哪种技术路线，都具有一个共同的技术特征，即在用户和外在世界的交互结构中，通过某种方式使电信号与沉浸者的感官相连接，从而提供一种新的感官媒介。在这种结构中，主体端保持不变，而用数字媒介替换当前自然环境中的物理媒介，用赛博世界替换所谓的现实世界，使沉浸者在一个人造世界中与外在世界交互，并且作为客体端的人造世界是由开发者人工控制的。

上面提到的元宇宙的第二方面内涵，即"能够作为人类生存空间"具体有哪些特征呢？在此，我们将人类生存的必要条件概括和归纳为以下不可再被化简也不需要更多的若干功能。这些要求是人类所有生存活动的充分必要条件，被外在施加于我们这样的存在物之上。这些功能或任务包括：一，能量的获取，我们必须从外界获得能量以维持生命；二，对未知世界的探索，因为我们所面对的世界对于我们来说是无限的，且探索未知世界的极限就在于深空探测和对量子微观世界的研究；三，通过外感官获得外部刺激并对外部世界施加主观影响，即身体与世界互相作用；四，人际互动，这意味着在此我们摒弃了唯我论的观点；五，人类繁衍。最后一点很特殊，这涉及对人的定义和理解。出于特定的心智哲学观点，我们在此认为人类新生命的产生依然需要遗传物质的结合，而非一个单纯的数字运算过程。

既然现实世界中所有的人类活动都可以化归为这几个方面，那么一个能够作为人类生存空间的元宇宙的构建就在于实现这些功能，元宇宙的技术也就在于朝实现这些功能的方向发展。如此，元宇宙就与本书的一个研究主题——完全沉浸式虚拟现实产生了直接联系。

这个设想最早来源于翟振明教授在20世纪90年代开始的对虚拟现实的研究，也是笔者在十多年前就开始研究的主题。但是在"元宇宙"概念被重新发现之后，"元宇宙"似乎可以成为它的一个更响亮的名称。在此，我将完全沉浸式虚拟现实视为元宇宙的一个典型案例来探讨，也就是说，这个概念已经满足了前述元宇宙内涵的两个必要条件，且与当下技术具有连续性。

完全沉浸式虚拟现实的要义在于设想了虚拟现实的终极形态。设想在一个空间内布置了一种全包式VR设备，除了显示头盔，还有像《头号玩家》中那样的全包式的触觉—力反馈紧身衣，伴随高度发达的联网机械装置，构成了一个完整的生理支持系统。与此同时，还存在高度发达的物联网系统作为新的界面，使沉浸者得以与整个世界打交道。如此，我们在上面提到的五个方面的生存任务，就都可以在这样的系统下完成。物联网驱动的工农业生产可以为我们提供基本的能量，物联网系统同样可以完成外科手术等医疗任务，深空探测和粒子撞击实验也要通过屏幕和数据等来进行，在 VR 环境中继续这些研究并不存在问题。人际交互就是当下互联网的升级版本。在这种极端的 VR 形态下，最终可以实现的情景是，人类永久进驻其中，而无须返回当下我们所认为的现实世界。

一个容易提出的问题是这套系统出现设备故障怎么处理。这并不难应对，沉浸者完全可以在 VR 中通过物联网修复外部的 VR 设备以及物联网硬件本身。重要的是，因为 VR 是作用于人的外部感官，所以避免了脑机接口模式背后的伦理风险或理论预设。进而，我们还可以通过区块链机制来保证这个系统的稳定性和安全性。以这样一种虚拟现实概念为典型案例，我们就可以讨论元宇宙的本体论问题，里面有什么？里面的"人"与"物"是什么样的？

"人"的概念在数字技术的冲击下带来了很多困惑。在元宇宙或完全沉浸式虚拟现实的语境里，我们至少可以区分以下几种"人"或"类人"的角色：一是人类用户，二是人类在赛博空间中的数字化身（Avatar），三是用程序驱动的 NPC（Non-player Character），即非人格角色或机器人。最极端的 NPC 是结合了高水平人工智能（AI）的高度仿真数字人，以至于人类用户在元宇宙中难以通过外在表现将之与一个人类数字化身区分开来。更进一步，这也带来一个本体论问题，即这种在外在表现上已经高度接近人类的数字人与人类之间是否还需要作出本体论区分，简言之，数字人能不能被认为具有人类意识。

这就是一个经典的心智哲学问题，涉及功能主义或计算主义的心智哲学理论，也是本书前半部分所讨论的"模拟论证"涉及的核心问题，这个论证正是在计算主义的默认前提下展开的。事实上，从人们对"黑客帝国"的顺畅理解到库兹韦尔（Kurzweil）广为人知的"意识上传"的永生模式，基于计算主义展开的探讨非常流行并被广为接受。计算主义认为，所谓"心智"就是能实现特定功能的算法，如果一个计算机程序能够复现与人类心智相同的功能属性，那么就可以认为这个程序拥有了人类心智。由此也引出了强 AI 目标，即 AI 最终能够像人类一样进行复杂思考，具备自我学习和创造能力，并成为人类这样的伦理主体。

本书前半部分在讨论模拟论证时，用了相当大的篇幅来反驳计算主义。

简单来说，计算主义连同另一种流行理论——心脑同一理论都犯了同一个原则性错误，认为任何复杂事物都可以化简为孤立元素之间的相互作用。或者说，这两种理论把经典物理中的"定域原则"错误应用到了心智上。而现象学描述下的意识具有显著的整一性特征，这种整一性是不可还原的，无法通过初始分离的要素互相作用而获得。这是计算主义及心脑同一理论无法彻底解释意识现象的根源所在。

因此，关于"人"的问题需要强调的是，元宇宙的最终落脚点是具有感官和接受刺激的能力，拥有自我意识的意识主体。这是元宇宙得以实现必不可少的组成部分。如果没有这样的人，元宇宙就不复存在。基于现阶段计算机软件及硬件水平的 AI 无论在外在表现上看起来多么逼近人类用户，都不能被看作真正意义上的人，作为意识主体的"人"在元宇宙中具有不可替代、不可或缺的作用。谈论元宇宙本体论首先需要澄清的就是对两者进行区分。这也是本书前半部分所围绕的主题。

人类与高度发达的人工智能之间的差异在另一个问题上得到集中体现，即人工智能会不会彻底取代人类艺术家？这里涉及两个要点：深度学习的原理机制所决定的 AI 的能力范围是什么？艺术概念有什么核心内涵？

近年来我们热议的 AI 其实都是基于深度学习技术而产生的，对未来技术场景的设想也未超出这个范围。深度学习的最大优势在于能让机器自己去发现海量数据中的规律和结构。其实现机制简单来说，是由训练者提供某个复杂领域里的大量样本，让机器用万能函数来拟合这些样本，以获得编码了样本特征的参数集，从而实现对样本的模式构建和结构刻画，建立起模型用以处理与训练样本同类的新样本。训练的目的在于找到给定样本中的共同模式与结构，那么对于样本范围内的重复性问题，深度学习所建立的模型可以有效处理。但对于完全超出训练样本范围的新情况，这个模型就失效了。就像原初的阿尔法围棋（AlphaGo）程序可以从海量棋谱中拟合出围棋的取胜之道，却不能用来下五子棋。所以，深度学习式 AI 擅长以"模仿"的方式处理那些并非简单重复的工作。我们生活中大部分工作都属于这种性质，AI 得以广泛应用也正因如此。但深度学习的原理又决定了 AI 无法进行从无到有的创造性活动，因为它的发挥空间并不能超出给定的样本范围，做出范式性突破。正是这个技术特性构成了 AI 在艺术领域应用的根本限制，其在重复性工作领域的高效恰恰意味着其在创新领域的失效，其对既有艺术作品的充分模仿也意味着如此产生的作品注定失去了艺术强调的创新性。一件艺术作品只有不能被深度学习根据艺术史经验建立的模型拟合，才算得上"创新之作"。艺术家总是需要与既有的创作原则决裂，超越已有的艺术经验，走出新路，才能被记入艺术史。

所以，人工智能在艺术创作上的失效内在于深度学习原理机制和艺术概念本身，人类的创造力不会随着算法的改进而被还原出来。更深层原因在于深度学习本质上是经验回溯式的，而人类具有从无到有的创造力。因此，人工智能能否超越人类艺术家看似是一个技术或艺术理论问题，实则是一个心智哲学问题，讨论的是人工智能和人类心智的本体论差异。因此，我们对元宇宙中什么具有主体资格要有基本认识。

关于元宇宙中的"物"的问题，我们首先可以看到，经典物理框架中的物概念，即"独立存在"的物会被消解掉。很显然，在 VR 中我们可以与"物体"进行交互，譬如通过头戴式显示器可以看到一个苹果，可以用手柄把它拿到眼前仔细观察，然后把它抛向前方，继而我们可以看到苹果在地上滚远，同时听到苹果撞击地面的声响。这种经验会让我们感到 VR 中的苹果也有一种"现实性"。但是，当我们想品尝一下这个"苹果"时，这种现实性就破灭了。

在完全沉浸式虚拟现实中，这就不构成问题。因为按照其定义和技术原理，完全沉浸式虚拟现实中的物体的现实性会被不断加强到与我们现在所处世界完全相同的程度，即我们在经验上完全无法区分一个"现实世界"的苹果和完全沉浸式虚拟现实中的"苹果"有什么不同。

根据 VR 技术的基本原理，我们知道，VR 中的一个"苹果"是显示屏、耳机、手柄等硬件在程序的精妙控制下向沉浸者提供恰当的感觉碎片，并在沉浸者的意识中被统合形成的产物。如果此时没有人穿戴好 VR 设备，那么，这时就只有一些感觉碎片而没有 VR"苹果"存在。

以上这些描述让我们看到元宇宙中的物的构成方式与现实世界中的物的自在持存性质有什么不同。显然，元宇宙中并不存在自在持存的物，那种稳定感和现实性是相关程序与沉浸者的认知投射综合作用的产物。反过来，基于这种新的理解，我们也可以在元宇宙中重新设计物的形态，而不必拘泥于现实世界的物的形态。只要满足了稳定性和特定功能性的要求，那么我们也可以产生实体感和现实性，并将之认定为"物"。这让元宇宙中的物的形式内容都变得更加开放，可以在更大的范围内被人工编辑和定义。

但这种自由度也给元宇宙带来了一些风险。在现实世界，事物受到自然律的约束而不受个体或群体主观意志的影响，这构成我们对"客观性"的体验。我们主观上认为我们身处的外在世界总有些超出人类的力量或元素，不受人类个体或群体意志的支配，构成了人类共同的物理世界。这种信念对于我们的日常生活和人类社会的构建至关重要，是人类在世界中生存、交往、理解外在世界、对未来进行规划的基础。

元宇宙由人工构建而成，开发者对于赛博空间的各种属性拥有完全的决定权。即使我们可以不按物理世界的模式来构造赛博空间——这正是赛博空间的吸引力所在，无论赛博空间的形式如何变换，一个全局性的赛博空间必须能够让我们产生这样的信念，即这是一个可靠、稳定、客观的世界。但进入元宇宙，我们所熟知的被自然律规定的客观性似乎就不存在了，其自由开放性导致其存在被某个组织或个人控制的道德风险。

那么在作为纯粹人工物的赛博世界中的客观性又是如何实现的呢？在这里，区块链技术作为一种去中心化机制，为一种可能的人工客观性的构建提供了思路。第一个区块链应用——比特币就是试图利用加密技术模拟黄金的物理属性和价值形成机制，从而复制黄金的客观性特征，即稀缺性和难以伪造性，使比特币在某种程度上实现了超越人类意志的人工客观性。

同时，在区块链技术的应用中，除了作为同质通证的比特币，非同质通证（NFT）还可以指向赛博空间中的特定个体，从而赋予这些个体超越中心化个体或组织的客观性，为我们建立一个超主权的全局赛博空间提供了可能，并让这个赛博世界更接近于一个像物理世界的客观世界。在这个意义上，基于区块链技术的 NFT 艺术成为展现一种人造客观性的可能性的典型范例。

本书的主体部分是笔者的博士论文。2012 年进行论文开题时，VR 仍是一个比较冷门的概念，学界讨论也并不热烈。2014 年 Facebook（现在的 Meta）以 20 亿美元收购了 Oculus，成为 VR 发展史上的一个标志性事件，并让 VR 迅速进入大众视野。2015 年，AlphaGo 接连战胜顶级人类围棋棋手的新闻事件又把人工智能概念推上舆论的风口浪尖，成为一个现象级话题，引发了无尽的技术憧憬，尤其是对强人工智能概念——拥有人类的自我意识和智能水平的人工智能——的阐释发挥。

笔者的博士生导师翟振明教授 1998 年出版的英文专著 *Get Real: A Philosophical Adventure in Virtual Reality*（中文译本为《有无之间：虚拟

实在的哲学探险》，以下简称《有无之间》）是世界上第一部借助 VR 概念来探讨哲学本体论问题的著作。他在书中将对 VR 技术的极致可能性设想纳入理性主义传统与现象学脉络中，延续面向以问题为导向的分析哲学风格，以新颖的视角和路径对心智与意识、实在与世界等哲学基本范畴进行了探讨。

笔者的博士论文题目为《模拟论证与虚拟实在研究》（将 virtual reality 译为"虚拟实在"更具有哲学意味，现采用更通行的"虚拟现实"用法）。论文包含两个部分：一是围绕"模拟论证"展开的讨论，所涉及的"模拟人"概念与强人工智能观点有着直接联系，并关涉心智哲学的讨论；二是针对虚拟现实的本体论做出的论证，这很大程度上延续了《有无之间》一书的基本观点和思路，做出了一些细化和完善。

论文两部分对应着"内在意识"与"外在世界"，而二者合起来就是从外感官界面向两端延展出的"整个世界"。当然，这种"内—外"划分本身在当代哲学中存在巨大争议，但不妨碍我们暂且在常识的意义上理解和使用，毕竟根据人类的"外感官界面"（注意：视觉、听觉、触觉、嗅觉、味觉等感官并非指眼睛、耳朵、皮肤、鼻子、舌头等器官）在两个场域之间可做出的某种分隔是如此明显。论文试图处理的正是从感官界面向两个方向延伸出的两个场域，即两个经典哲学问题：心灵 / 心智是什么？（外在）世界是什么？

因为我们对元宇宙概念的内涵指向似乎有些把握，却又语焉不详，缺乏明确共识，所以笔者试图将元宇宙概念带回到博士论文的语境中予以赋义和处理，将完全沉浸式虚拟现实作为元宇宙的一个典型范例，将模拟论证中的"模拟人"看作元宇宙中数字人概念的终极形态。所以，对模拟论证和完全沉浸式虚拟现实有效的结论在元宇宙范畴下同样奏效。

透过完全沉浸式虚拟现实或元宇宙的透镜，我们可以看到一种康德式的"外在感官世界"的基本结构，一端指向具有认知统合能力的意识主体，一端指向被强制给予我们的未知无限性，本书悬搁了对这两个方向"更深处"的讨论，主要聚焦于两极相互作用的界面。从我们的自然感官界面投射出了所谓的自然"现实世界"，当把自然感官界面替换为或者说再叠加一层数字界面时，就投射出各种形态的人工"现实世界"，也就是元宇宙或完全沉浸式虚拟现实。

在这样一种世界结构下，元宇宙本体论的外延就得到了框定。元宇宙本身并不会造成真正的"人"的变化,这种具有认知统合能力的心智主体还是元宇宙作为人工现实世界得以实现的基础,而由人工智能驱动的数字人仍作为"物"被纳入进来。那些本来就不被认为存在于(自然)"现实世界"空间中的概念,如意义、爱、记忆、数学等,也可以没有任何损耗地无缝进入元宇宙。所有经典物理世界框架内的"物",以及整个经典物理空间,都会被隔离在元宇宙之外,并在元宇宙中重新被人工构建。这正是拥有巨大可能性和我们能够发挥创造力的地方。我们对元宇宙的开发设计、对元宇宙的所有畅想都是在这个层面展开的。

元宇宙无疑代表着未来的设计媒介,将极大改变设计的叙事范式,虽然对于具体的元宇宙设计形态现在还难以确定,但我们在这里对元宇宙本体论问题的框定和厘清,都将为这些工作奠定基础。

(前言的主要内容由笔者在四川美术学院"第五届哲学·艺术·科学高峰论坛——媒介、感知与设计叙事"的发言整理而来)

李丰

2023 年 10 月

导言

　　理性主义与经验主义之间的争论由来已久。到了 20 世纪下半叶，经验主义传统下的自然主义在理论界占据了上风，时至今日依然风头正盛，乃至成为一种哲学上的"意识形态"。这大概与人类 20 世纪在科学上（尤其是脑科学和计算机科学）取得的长足进步有关，自然科学的有效性似乎增加了自然主义的合理性。虽然"自然科学"和"自然主义"，"科学结论"和"哲学结论"，"有效性"和"合理性"之间存在概念上的鸿沟（当然，自然主义者正试图填平这个鸿沟），但不妨碍自然主义在学术界攻城略地，在世界范围内获得越来越多的拥趸。相比之下，总的来讲，理性主义传统下的哲学主张受到了挤压，乃至有一种要被挤出硬核哲学圈或隐入哲学史的风险。在这种情形下，反自然主义的任务越加沉重，但也越加迫切。因为如本书将要指出和证明的那样，自然主义关于世界和心灵本体论性质的理解存在根本错误，如果这种错误理解裹挟了自然主义者之外的广泛人群，那么将可能给整个人类文明带来深远的不利影响。

　　自然主义哲学的影响力得以不断扩张的另一个原因在于其"分析风格"的论述方式，即"首先面向问题""默认以常识为讨论起点""使用尽量简单平实的概念"以及"追求论证逻辑的清晰"等，这种讨论方式消除了哲学史门槛，使得非科班出身的讨论者也可以很快加入哲学问题的讨论，相比之下，欧陆传统的概念使用和论述方式对哲学新人就不是那么友好。虽然这种差异背后有更深层次的原因，但如果这些特点算得上分析哲学的一些优点的话，却并不必然与自然主义观点捆绑在一起。这种"分析风格"本身中立于特定的观点，所以，虽然本书的结论倾向笛卡尔以降的康德哲学、胡塞尔现象学等泛主体性哲学的基本观点，但在论述中也力图使用平实的概念语言基于常识经验并实现清晰的逻辑推进。具体来说，这出于两方面考虑。一是把常识概念和命题作为讨论起点本身具有元哲学意义，因为常识生活世界处于一种前哲学的朴素状态而尚未引入特定理论操作，有意识地从这种本初状态出发，可以避开既有理论的窠臼而保持独立批判精神。更重要的原因是与我们的自然主义对手有关。在现实讨论中，理性主义者在批判自然主义时常常使用"釜底抽薪"和"隔山打牛"的方式，即先确立一个足够深刻有力的理论出发点，然后由之演绎得到对自然主义的全面批判。但深受分析风格熏陶的自然主义者们在讨论时更习惯于"短兵相接"，在每一寸"土地"上进行争夺。在现实中，由于概念体系和讨论方式不匹配，更何况根本前提相左，双方甚至少有交手的机会。这导致了哲学共同体的分裂。考虑到这种状况，为了更有效地反驳自然主义者，就需要从对方能够接受、双方共同分享的起点——常识命题和日常概念——开始讨论，并采取"贴身紧逼"的论辩策略。同时，这也是将两个哲学传统以某种方式实现汇通和交流的一种尝试。

本书的核心主题是"心灵"与"世界"。这是两个既古老又庞大的哲学基本问题，已有的讨论和观点汗牛充栋。所以本书特别注意在两个方面上的处理，以收缩问题并聚焦到能够驾驭的范围内，从而提供有价值的理论成果。一个是选取的切口很小。没有梳理（甚至有意忽略了）"心灵"和"世界"宏大的概念史，而是以两个主要论证（模拟论证和对等性论证）的展开过程为线索，在对两个论证进行反驳或证明时，自然引出涉及的哲学基本问题。换言之，本书对心灵和世界的讨论是出于论证的需要，这让本书有理由把注意力只集中在两个主题的特定方面上。另一个是体现虚拟现实作为一条新的分析思路的作用，以一个新的角度审视和展现经典问题和理论。对于哲学来说，好的提问方式和阐述视角比结论本身更重要。怀特海说，两千年西方哲学都是对柏拉图哲学的注脚。这当然不是说后人的观点都是对柏拉图哲学的重复，而是说柏拉图给出了哲学问题的基本框架，后人很难再跳出这个研究范围。后人的推进作用一方面体现在对每个问题的探讨更加深微，另一方面也是指我们可以转换视角重新提出、呈现和审视这些问题——这两者也是相辅相成的。本书后半部分讨论的"VR 哲学"——如果这个概念是可辩护的——在哲学史上的价值至少会体现在第二方面。

本书的主线是两个论证：模拟论证和对等性论证，各主要章节都是对这两个论证的反驳或辩护。这两个论证都试图在"模拟"概念上做文章，前一个论证关于对人的模拟，试图证明我们这样的人类在很大可能上是被计算机模拟出来的；后一个论证试图证明，虚拟现实——最初作为对自然实在的模拟——与自然实在本身是本体对等的。本书所要做的是反驳前一个论证而支持后一个论证，即证明能被模拟的只有世界，而"人"是无法被模拟的。事实上,这些讨论的意义并不局限于"模拟"概念或这些结论本身,其更深层次的目的在于对关于人、自然的概念以及二者关系的流行理解做出批判和澄清,即意识或心灵并不能在经典力学框架或经典计算机架构内得到理解,"人"也不能想当然地被看作"自然的一小块",与此相反,自然本身还要依赖于某些属于主体的机能而得到定义。

本书第一章引入了模拟论证并整理出了基本的论证结构。模拟论证最早由牛津大学哲学家尼克·博斯特罗姆(Nick Bostrom)提出。这个论证的特点是前提非常简洁乃至简单,而且看起来也很贴近常识,但组合在一起带来的结论令人震撼。在这里我们可以将一个以模拟假设为结论的论证结构单列出来,对各要点的展开可详见第一章。

1. 人类在进入后人类阶段之前不会灭绝。

2. 如果 1,那么人类将具有足够的运算能力。

3. 人类有足够兴趣进行祖先模拟且没有足够有效的阻碍条件。

4. 如果 2 且 3,那么将有大量祖先模拟存在。

5. 如果 4,那么将有大量与我们有相同类型经验的体验者存在。

6. 如果 5,我们将不能发现天然人类族群与任何模拟人类族群的经验的类型间的差异。

7. 如果 6,那么我们是模拟产物的可能性就等于模拟人类族群占全部体验者的比重。

8. 我们有很大可能是模拟活动的产物。

其基本思想用一句话来概况就是:如果有朝一日人类很可能会对他们的祖先进行模拟活动,那么我们现在就极可能已经是被模拟的。这看起来很像一个怀疑论结论,但怀疑论假设所诉诸的是"哪怕很小的可能性",这样即可对信念的确定性构成攻击。模拟论证的取向与此不同,模拟假设被试图证明为可能性非常大的一种情形,所以模拟论证带来的挑战要严峻和实质得多。如果这个论证成立,那么我们关于世界和自己的认识将被全方位地颠覆。要反驳这个论证,我们就要至少否定前提 1~7 中的一个。

第二章综述了对这个论证的已有讨论,而已有的反驳思路多集中在前提 2、3、5、7 上。针对模拟论证中的前提 5 和前提 3,本书第三章和第四章又提出了两个独立的论证,论证"计算主义假设"并不成立——模拟活动压根就无法产生意识经验,以及即使模拟活动在技术上可行,这个活动也会因为贬损了"模拟人"的尊严而被人类法律禁止。事实上,第三章提出的反驳意见不仅对计算主义有效，而且一并批评了另一种流行的意识理论物理主义（即主张把对大脑的研究看作彻底解释意识的有效途径），因为这两种理论所依赖的解释基础（大脑状态或符号结构）分享着一个共同的结构，即受定域原则支配的经典力学式框架。

反驳的关键在于说明，意识的整一性特征（第三章第一节）与经典力学式框架所预设的定域原则在原则上是无法兼容的，并存在概念上的鸿沟。定域原则即"任何物理系统能够被分解为单一独立的局部要素的集合，各要素仅同其直接邻近物发生相互作用"，按这个原则，一个经典物理系统与"相互邻近集合在一起的一堆局部要素"是完全等同的，对每个局部要素的描述的聚合就构成了对这个物理系统的充分描述。但事实上，经典物理理论又不可避免地需要对非邻近要素组成的系统进行指称和描述，而且任何一个"局部要素"又总是由更小的局部要素组成，所以对非邻近要素的整一性把握，以及对任何局部要素本身的确认就超出了其组成部分简单累加的结果。也就是说，经典物理理论要成为可能，总需要一个外在的附加，即研究者的意识本身具有的整一性功能的介入，才能把分散的不同个体共时地把握为一个整体（第三章第二节）。计算主义和物理主义主张相当于基于经典框架而试图对框架之外的意识作出充分解释。

由此我们可以推断，其一，在经典力学框架内部是不可能得到对意识的充分解释的。其二，物理主义者和计算主义者之所以自认为从一些离散的局部要素出发最终能够解释意识，是因为他们将自身具有的意识整一性投射到了这些局部要素上，并误以为整一性是内在于这些局部要素的。此即"整一性投射谬误"（第三章第三节）。另外，因为量子力学框架本身具有整一性特征，因此可以将之作为对心灵进行物理解释的可能框架（第三章第四节）。

针对计算主义和物理主义的反驳的论证框架可以归结如下。

1. 整一性是意识的本质特征。

2. 受定域原则支配的世界之中并不存在这种整一性。

3. 定域原则是经典力学式框架的基本预设。

4. 现有的计算主义和物理主义都基于经典力学式框架。

5. 所以，计算主义和物理主义不能对意识做出充分的解释。

第四章针对的是模拟论证的前提3，这个前提声称不存在阻碍模拟活动的理由和条件。尊严论证正是为了说明，如果模拟活动在技术上真的可行，却会构成对模拟人尊严的贬损，因而后人类有理由立法禁止并有能力阻止大规模的模拟活动。所以这一章的关键在于尊严论证。这个论证脱胎于翟振明的反克隆人论证，其核心思路为，"克隆"技术所导致的完全支配关系打破了自由意志主体之间的对等性，使一方完全受制于另一方，因而使一方的尊严先天受到贬损，导致克隆人行为被立法禁止（第四章第一节）。"模拟"导致的支配性与"克隆"相比有过之而无不及。虽然按照计算主义假设并不存在真正的自由意志，但计算主义者至少不会否认一种"表面上的自由意志"的存在及其对道德生活的基础作用。那么，基于这种表面上的自由意志，我们同样可以因为支配关系对对等性的打破而主张禁止模拟行为，从而阻止大规模的祖先模拟活动。第四章后两节是辅助和补充性说明，第四章第三节回应了尊严论证可能面临的反驳，第四章第四节阐述了实际阻止模拟活动的可行性。

尊严论证（第四章第二节）的逻辑结构可被整理如下。

1. 现时道德生活的可能当且仅当存在着"表面上的自由意志"，即"第一人称下的自由意志"。

2. 根据经验事实与计算主义假设，无论是模拟者还是模拟人都拥有这种表面上的自由意志，他们都是日常所说的"自由意志主体"。

3. 自由意志主体——进行模拟活动者与模拟人——之间存在着对等性。

4. 打破自由意志主体间的对等性会导致一方尊严的贬损，因而是不道德的。

5. 模拟活动打破了这种对等性。

6. 所以，模拟活动是不道德的。

第五章对模拟论证来说是一个外部批评，并没有反对模拟论证的某个前提，而是指出了博斯特罗姆对"模拟"概念的使用方式所带来的困境。

第五章第一节分析了"模拟"这个词日常或本来的用法，指出"模拟人"其实是博斯特罗姆对"模拟"概念的误用。按模拟概念的正确用法，"模拟人"可以用来指称一个没有意识经验但具有人类外部特征的电子形象，却不能用来称呼一个已经有意识经验的人。按我们的语言直觉，有了意识经验就应该称为"人"或"仿制人"，而不是"模拟人"。因此，博斯特罗姆的这种误用似乎在暗示着计算主义并不符合他自己的直觉。但如果他把"模拟"都替换为"仿制"，虽然避免了概念误用，但让模拟论证显得多余了。

第五章第二节指出"模拟人"不仅违反日常语言直觉，而且会带来概念矛盾。"模拟"的意向性结构是"模拟物与被模拟物带给观察者或参与者的经验相同而二者本体上又不同"，这就要求"模拟"行为只能在意识主体之外朝向意识主体进行，即我们只能对被模拟物的第三人称特征进行模拟，而无法对经验本身进行模拟。换句话说，"对意识主体的模拟"本身就是个矛盾的概念。

哲学的旨趣在于探究研究对象的本体特性和本质特征，而"模拟"概念意向结构的特点使它成为一条很有价值的研究进路。根据前面的成果，"人"是无法被"模拟"的，那么我们就只能在另一个维度上——对世界的模拟——去利用这条思路。虚拟现实就是这样一种现成的对世界进行模拟的技术。在第五章第三节中首先澄清了这个概念容易引起的误解，将"虚拟现实"与"互联网空间""叙事性艺术作品""梦境""瓮中脑"以及"黑客帝国中的矩阵"等概念区分开，从而界定了本书所谈的"虚拟现实"的准确含义。

第六章分析了本书另一个作为主要线索的论证，虚拟现实与自然实在本体对等性论证。如果这个论证是成功的，那么自然实在与虚拟现实就具有相同的本体地位。这个结论一方面会打破关于虚拟现实的固有成见，即认为虚拟现实是"虚假"的；另一方面会颠覆性地把"自然"从"特权"和"优先"的本体地位上拉下来——这种本体上的绝对优先性是被自然主义者乃至受过现代教育的常识人默认接受的。这种对等性关系似乎支持了一种对自然实在的怀疑论设想——我们可能已经生活在虚拟现实中，但这个设想本来就是无须被反驳的，因为这正是关于我们存在处境的真相。而"对等性"结论也消解了这种怀疑论的任何攻击性，因为除了放弃"自然实在优先"的形而上学偏见，并不会给我们的信念系统带来任何额外的冲击。总之，这个结论会促使我们重新理解"实在世界"的构成，重新界定和审视"人"与"自然"的关系。

这一章的基本思路是首先整理出对等性论证的结构，其次对每个前提以及可能遇到的反驳进行阐述，在这个过程中考察了虚拟现实和所有实在世界的存在结构，最后基于此，对对等性论证所面对的批评进行回应。

首先，有些核心概念需要澄清一下。

实在（reality）：本书中的"实在"是在较窄的意义上使用，也是"实在"最日常的含义，即外感官所面对的、由单一持存的物理个体组成的经验世界。在本书的语境里特指由强制给予性通过"知觉通道"（视觉、听觉、触觉等）作用于主体的投射产物。

沉浸（immersing）：主体与某一实在世界能够进行有效互动（刺激和反馈）的关系。在《有无之间》中，"沉浸"特指主体被人工设备环绕，与虚拟现实进行互动的关系。本书将"沉浸"所描述的范围扩大为所有实在，包括自然实在，意在强调沉浸主体与虚拟现实和自然实在的互动模式是共通的。

自然实在（natural reality，NR）：我们现在自然而然处于其中的、非人造的沉浸环境，也就是日常说到"实在世界"时所指称的对象。

虚拟现实（virtual reality，VR）：由一系列硬件设备支持，能够让沉浸主体产生与 NR 相同或不同实在体验的沉浸环境。需要注意的是，"虚拟"二字在这里并无本体论含义，只是一种习惯性称呼，其更准确的名称是"人造实在"。

完全沉浸式虚拟现实（virtual reality of complete immersion，VRCI）：是对等性论证所涉及的关键概念，由 VR 沉浸设备、物联网等更庞大的支持系统组成，与一般意义上的 VR 相比，其最重要的特征是其设计构架和硬件基础足以实现与沉浸者在 NR 中实现的同样的生存、发展、探索未知世界等目标，即沉浸主体可以与自然实在永久隔离开。

实在世界的存在结构：所有实在世界共同具有的，本体上互相独立又可共同作用产生实在世界的诸要素，以及它们之间的特定关系。本书对此问题的最终结论是：实在参数、主体机能要素、强制给予性；另外还有个消极结论，即排除了"物质"这种自身具有单一持存性的实体。

实在参数：使各个实在世界能够相互区别的最抽象要素，表现为一组参数，因此能够作为各个实在各自的标识。

主体机能要素：存在于任何实在世界，决定了实在世界的基本形式，而且这些要素本身在任何实在世界都是不变的，因而可以被归为沉浸主体的内在机能。书中简单涉及了最典型的几个要素：时间、空间、因果性、个体性。这与康德的感性形式和知性范畴具有相似性，但本书对这些要素的确认并不依赖于康德的论证，而是从对 VR 沉浸经验的反思中独立得到。

强制给予性：将存在结构的其他组成部分从实在经验中"减去"，就得到了强制给予性，是通过 VR 视角对"外在世界"进行分析所能达到的极致。它有这样几个特点：相对于沉浸主体的纯粹外在性——并非空间上的而是逻辑上的外在性，完全异质于沉浸主体；绝对被动性，沉浸主体对其只能被动接受，先于沉浸主体的任何规定作用；具有相对于沉浸主体的无限性和不确定性；强制决定性本身不是任何"体"，而只是"性质"。

有了这些概念铺垫，现在可以进入对等性论证。这个论证看似只是针对虚拟现实的一个方面，但却是虚拟现实概念能够带来的最深的哲学含义和最大的哲学价值所在。"与自然实在对等"是一个很强的结论，是对虚拟现实本体地位的论述极限。而且这个论证一旦成功，就打开了利用虚拟现实技术对自然实在乃至更广的哲学范畴进行研究的可能性的大门。也就是说，二者的本体对等性在关于虚拟现实的所有哲学研究中居于核心位置。

翟振明的《有无之间》涉及主题广泛，因此在很多问题上的论述是框架性的，虽然指明了方向，但没有机会对每个问题面面俱到。关于对等性问题，其著作中明确提出了三条反射对等律：

一、任何我们用来试图证明自然实在的物质性的理由，用来证明虚拟现实的物质性，具有同样的有效性或无效性；

二、任何我们用来试图证明虚拟现实中感知到的物体为虚幻的理由，用到自然实在中的物体上，照样成立或不成立；

三、任何在自然物理世界中我们为了生存和发展需要完成的任务，在虚拟现实世界中我们照样能够完成。

这些成果固然是富有洞见的，但翟著对本书提出的对等性论证的"第三个方面的反驳"所涉及的问题并没有充分和明确地说明，这为本书对此问题的深入探讨提供了空间。本书首先将三条反射对等律整理为对等性论证：

1. 某实在世界的本体地位的判定标准在于且仅在于，它能在多大程度上让沉浸者组织起（像我们拥有的这般的）生存发展与探索未知的经验。

2. NR 与 VRCI 能在同样程度上让沉浸者组织起生存发展与探索未知的经验。

3. NR 与 VRCI 具有相同的本体地位，即是本体对等的。

简单来说，前提 1 确立了一个关于本体地位的判断标准，前提 2 指出 NR 与 VRCI 在同样程度上满足这个标准，由此得到二者本体对等的结论。我们的辩护策略是主动找寻所有可能的反驳，予以解释和回应。对这个论证的可能反驳可被归结为以下三个方面。

1. NR 是由"实实在在的"物质构成的，而 VR 是"虚幻"的，因此两者的本体地位截然不同。这个反驳针对前提 1，认为存在超出我们经验的本体地位判定标准。

2. VR 技术不可能让所有人沉浸其中，也不可能永远沉浸其中。这个反驳针对前提 2，即认为 VRCI 是不可能的。

3. VR 硬件系统的物理载体本身是在 NR 中建立起来的，无时无刻不依赖于 NR，所以两者先天不对等。这也是针对前提 1 的，认为 NR 与 VR 之间的关系会决定它们本体地位的差异。

第一个反驳基于一种常识直觉，认为"真实"意味着单一持存个体的自在存在，而物质微粒是单一持存性的最终依托。翟振明在《有无之间》中提出了依次渐进的判断真实性的七个临时规则（第六章第一节）。如果一个情形能够满足这个规则，它就可以"临时"被我们认定为真实的，而我们会以下一个规则继续检视它。如果这七个临时规则是充分的，即这七个规则已经到达我们在 NR 中判断真实与否的极限，那么我们发现：一方面，"物质"这样的实体直到规则七也没有出现，也就是说，物质在 NR 中并非必要，因而应当被奥康的剃刀"剃掉"；另一方面，我们发现 VR 同样可以满足这七个规则，所以如果这七个规则构成物质存在的证明，那么这样的证明对 VR 同样有效。如此，回应了第一个反驳。

对于第二个反驳，第六章第二节具体阐述了完全沉浸式虚拟现实的技术可能性，分为五个方面：始终沉浸；全部沉浸；工农业生产；人类间交互与繁衍，以及科学探索活动。如果这五个方面的功能都能实现，那么就不存在其他 VR 所不能满足的关于生存发展和探索的需求，因为每一个沉浸者与世界或其他沉浸者可能产生的所有交互作用都被涵盖在这五个方面里。事实上，VRCI 的可行性并不是一个哲学问题，而是一个技术可能性问题，因此并不存在任何概念或逻辑上的难点。这回应了针对对等性论证的第二个反驳，也再次诠释了第三条对等律。

第三个反驳是最尖锐的，即 VR 的硬件设备本身是 NR 的一部分，而这似乎总暗示着 VR 在本体上依赖于 NR。本书采取的策略是，通过逐步分析得到 VR 和 NR 的存在结构，通过说明二者存在结构的同构性，从而把这种依赖关系排除在存在结构之外。经过第六章第三节的分析，我们可得到二者的存在结构以及两组存在结构之间的关系，其中"物质"这样的实体被否定，当然也就被排除在 NR 的存在结构之外；二者拥有各自的实在参数，虽然数值不同，但两组参数之间不存在本体上的差异；如时空、因果性、个体性等存在结构的要素被证明属于沉浸主体的机能而不属于特定的实在世界，而沉浸主体总可以保持自身同一"穿越"于各个实在世界，所以 NR 和 VR 在此也不会产生区别。反驳的立足点最终被推到了强制给予性这里，并体现为 VR 与 NR 所面对的强制给予性的"差异"——因为 VR 设备的缘故，似乎 NR 离强制给予性更"近"一些，而 VR 更"远"一些。但是，一方面，"强制决定性"只是一种"性质"而不是"体"，"性质"并不存在于空间的某个地方，也不会因为多了一个环节而有什么"损耗"；另一方面，强制给予性是无限的，即使多的一个传递环节造成了改变，但因为这种改变是作用于无限性之上的，因此作用后的结果依然是无限性本身。同时，主体机能的"格式塔"特点使得无论它被给予的是什么样的强制给予性，它也总是会"一视同仁"地进行处理，这也使这种依赖关系可能形成的差异并不会对本体地位产生实际意义。于是，我们最终得以把这种依赖关系从存在结构中排除出去，维护了 NR 与 VR 的存在结构的同构性。如果我们关于对等性论证的两个前提的辩护是成功的，那么对等性论证成立。与此同时，我们也以 VR 为研究切口对经验实在世界共同的存在结构进行分析和阐述。

第七章简要讨论了他心问题在虚拟现实背景下的困境以及应对策略。本书涉足他心问题有两个初衷，一是试图延续前面的研究思路，将 VR 作为一个新视角来审视传统的他心问题；二是因为 VR 是现实可行的技术，所以他心问题在 VR 里就是一个现实的问题，并可能带来实际的伦理后果。

传统的他心问题可以分为他心存在问题、他心个体识别问题以及关于他心的知识三个分支。其中，对于他心存在问题的解决，VR 视角似乎并不会带来新的思路。但对这个问题有效的证明在 VR 视角下也不会失去效力。而 VR 情境给他心问题的后两个分支带来的启发首先是消极性的。因为 VR 的技术特点凸显出他心个体识别问题在原则上是无解的——至少无法得到直接的解决。在没有介入 VR 视角之前，他心识别问题的关键似乎仅在于如何反驳怀疑论者，但 VR 技术和人工智能技术的发展可以让这类问题很快变成现实困境。

如果他心的识别问题在 VR 中无法得到直接解决，这促使我们反过来重新审视 NR 中的他心识别问题。NR 在其他方面表现出的稳定齐一性让我们愿意在他心问题上也采取一个统一的心灵外在标准作为解决思路。但"他心"概念的关键在于"他"而不是"心",所以根据一个个体是否符合这个心灵的外在标准以解决他心问题其实回避了真正问题所在。如果按这个问题的本意,以"我心"为标准去衡量另外的个体是否是他心,那么第一人称经验的私密性使得这个考察在原则上就无法完成。

但我们的关于他人的伦理直觉指向了一种尽量宽松的"他人推定"原则,伦理学理由是为了避免因为误认对可能的他心造成伤害。这并没有解决他心识别问题,而只是一个实践上的处理原则。这个策略当然会造成他心识别错误,但对错误的容纳使得这个原则避免了把他心当作"物"对待的情形发生。

关于文献综述的说明:

本书采取的主要论述方式是以日常经验和科学常识为出发点而展开概念分析和逻辑分析。因为这些要素是独立于前人观点而存在和有效的,所以就本书的思路推进而言,对文献的引入并非必需。同时,因为"模拟论证"与"虚拟现实"是发端于近年的哲学主题,既有的针对性讨论较少,所以本书没有做统一的文献综述。在推进过程中自然涉及且需要提及的文献背景,将根据其与文章论述的逻辑关系在各个章节中具体阐述。其中,关于模拟论证的已有讨论被放在了第二章;翟振明关于虚拟现实哲学蕴含的研究在世界范围内仍是最有深度的,本书也是在接续其工作的基础上做出了推进,所以与虚拟现实相关的文献引用集中在了翟振明的著作上;另外,由于第三章整一性投射谬误论证和第四章尊严论证也利用了翟振明著述中的论证思路,所以这两章对其著述的引用是最多的。但不可否认的是,本书对文献的挖掘还很不充分。如果在书稿的推进中能够对所遇到问题的文献背景做出梳理和介绍,那么文章一定会更加丰满和充实。这一类有待加强的问题点包括:心灵哲学讨论内部的代表性观点以及整一性投射谬误(FUP)反驳对这些观点的具体作用机制;关于对等性论证三个总括性反驳意见的具体分支意见;对等性论证大前提中提出的"本体地位"标准与实用主义之间的关联;实在世界存在结构中的"主体机能要素"与康德哲学的比较;对他心问题的整个问题背景更充分的介绍。

目录

1

第一章

模拟论证 / 001

2

第二章

现有的对模拟论证的反驳 / 011

3

第三章

整一性投射谬误 / 015

第一节　空间感知经验的共时整一性特征 / 016

第二节　经典力学框架内不存在共时整一性 / 020

第三节　整一性投射谬误 / 026

第四节　可能的物理学框架 / 032

第四章

尊严论证 / 037

第一节 反克隆人论证 / 038

第二节 模拟行为贬损了模拟人的尊严 / 040

第三节 反驳与回应 / 042

第四节 大规模的模拟活动不会发生 / 046

第五章

"模拟"概念的语义分析 / 049

第一节 博斯特罗姆误用了"模拟"概念 / 050

第二节 只有世界能被模拟 / 055

第三节 何为虚拟现实 / 060

第六章

自然实在与虚拟现实的本体对等性论证 / 067

第一节 实在感与"物质"无关 / 069

第二节 完全沉浸式虚拟现实 / 073

第三节 虚拟现实与自然实在的存在结构 / 075

第四节 虚拟现实与自然实在本体对等 / 097

第七章

虚拟现实中的他心问题 / 099

结语 / 105

参考文献 / 107

附录 / 109

附录 1 虚拟实在（VR）技术的人文价值与伦理风险 / 109

附录 2 人工智能与艺术创作——人工智能能够取代艺术
　　　　家吗 / 115

第一章

模拟论证

牛津大学哲学教授尼克·博斯特罗姆（Nick Bostrom）在 2003 年给出了一个"模拟论证"，试图证明我们所处的整个世界，从每个人到整个宇宙，有可能只是拥有极先进技术的"后人类"用计算机进行模拟运算的产物。这个论证看似简单，结论却非常具有颠覆性。因为模拟论证并不是一个怀疑论论证，其"模拟假设"得到了经验证据的支持，因而具有值得重视的实质可能性，而不像一般的怀疑论论证那样仅仅诉诸很小的逻辑可能性。

模拟论证非常简洁。博斯特罗姆给出了三个乍看上去都不太可信的命题：

（1）人类非常有可能在到达某个后人类阶段之前就灭绝了。

（2）任何后人类文明都极不可能对他们的进化历史进行足够数量的模拟活动。

（3）我们几乎一定生活在电脑模拟之中。❶

所谓"后人类阶段"，博斯特罗姆意在强调，那时的人们所具有的科技水平，特别是计算机技术的发达程度将超出我们现在的想象，至少足以支持进行他所谓的"模拟活动"。所谓模拟活动，就是后人类文明出于各种动机，使用超强的计算机来重现和模拟我们现在所观察到的宇宙的每一个细节，当然也包括具体的人类个体，包括他们的祖先——我们，并让我们拥有与现在相同的心理状态。

模拟论证即由这三个命题组成的析取式是真的；同时拒绝这三个命题是不融贯的。因此可以说，如果（1）和（2）是假的，那么（3）将是真的。其基本思想用一句话来概况就是：如果有朝一日人类很可能会对他们的祖先进行模拟活动，那么我们现在极可能已经生活在一个模拟世界中；反过来，"除非我们现在已经生活在一个模拟世界中，否则我们的后代在将来就不太可能对他们的祖先进行任何模拟活动"。❷

博斯特罗姆并没有直接肯定命题（3）是真的，而是将之作为一个假设，即"模拟假设"，就此，他将自己的立场仅刻画为"这三个命题中至少有一个是真的"。如果他对三个命题关系的论断是可靠的，那么命题（1）（2）为真的可能性越小，命题（3）为真的可能性就越大；如果前两个命题为真的可能性极小，则命题（3）为真的可能性也就极大。可见，要想证明命题（3），博斯特罗姆的主要任务就在于说明为何命题（1）（2）所描述的

---

❶ Bostrom, N. Are You Living In A Computer Simulation?. Philosophical Quarterly, Vol.53, No.211, pp.243-255.(2003a), I.

❷ 同❶.

情形发生的可能性是很小的，以及为何由这三个命题组成的析取式是真的，即三个命题中至少有一个是真的。

命题（1）所描述的情形成为现实的可能性似乎是很小的。让人类在科技得到进一步长足发展之前就灭绝的危机包括撞向地球的小行星、外星人入侵等各种在科幻片中常常出现的可能性。但至少我们现在很难预测这些情形会在确切的较短时间内成为现实，即这些可能性的存在都不足以让我们相信，人类会在进入某个后人类阶段之前就已经灭绝。所以我们认为，命题（1）为真的可能性极小。

否证命题（2）的经验证据可以分为三个方面：计算能力、后人类进行模拟活动的动机、来自道德或法律的限制。很显然，大脑的极端复杂性使得我们现有的计算能力捉襟见肘，可想而知，模拟整个宇宙所需要的计算能力将是一个天文数字。但另一个事实是，计算机的计算能力自其诞生以来就呈现几何级数增长态势，而且从当下来看，随着量子计算机等新型计算机从概念走向实用，人类所能拥有的计算能力还有极大的提升空间。而所谓后人类所拥有的计算能力更会超出我们的想象。随之而来的是计算成本的下降。只要这个时间足够久远，我们有理由相信，"后人类文明将会有足够的计算能力来进行数目巨大的祖先模拟活动，而他们为此只需花费他们很少一部分资源。"[1]

足以促使后人类对他们的祖先进行模拟的因素应该很多。如进行自然科学研究，研究人类的生物进化史；进行历史研究，还原历史真相。而且可以说，这种模拟活动本身就是一次最令人激动的艺术活动。甚至，后人类或许仅仅为了娱乐而进行祖先模拟活动！总之，在成本很小的情况下，运行对祖先的模拟程序看起来会是很吸引后人类的事情。

博斯特罗姆也不认为后人类的模拟活动会受到当时的道德或法律的阻止。他说，"按我们现在的观点，创造一个人类种族是不道德的——这尚未清楚。相反，我们倾向于认为我们种族的存在构成了很大的伦理价值"[2]；"我们不能从现在很多人热衷于组建矩阵（Matrix）这个事实推知同样的事情在那些超发达的实际上有能力这么做的人们那里会被禁止"。[3] "我们的后

[1] Bostrom, N. Are You Living In A Computer Simulation?. Philosophical Quarterly, Vol.53, No.211, pp.243-255.(2003a), III.

[2] Bostrom, N. Are You Living In A Computer Simulation?. Philosophical Quarterly, Vol.53, No.211, pp.243-255.(2003a), VI.

[3] Bostrom, N. Why Make a Matrix? And Why You Might Be In One, in More Matrix and Philosophy: Revolutions and Reloaded Decoded, ed. William Irwin, Open Court,(2005).

代可能在我们现在无法预知的道德考虑间摇摆"[1]。而且即使祖先模拟被认定为不道德的，也需要有"整个文明范围内的，可以有效阻止那些被认为不道德的活动的社会结构"。[2]

综合以上三方面，博斯特罗姆认为我们现在所拥有的经验证据使命题（2）为真的可能性很小，即后人类文明极可能对他们的祖先进行相当数量的计算机模拟。

但作为计算机程序的"祖先模拟"如何与自认为是生物体的我们发生关系？博斯特罗姆引入了一个理论假设，即心灵的计算主义理解。按他的阐述就是，心灵不依赖于特定载体，心理状态可以随附于任何物理载体。颅腔里的碳基生物神经网络并非意识的本质属性，电脑里的硅基的处理器在原则上可以起到同样的作用。如果一个计算机程序对人类大脑进行结构上的复制，这个复制将极为细致，直至具体的神经突触层面——总之这个系统正确地设置了一套计算结构和过程，那么这个计算程序将足以产生主观经验。因此一个运行了合适程序的计算机将是有意识的。[3] 显然，这是模拟论证得以有效的一个关键理论预设。博斯特罗姆认为这是一个并不强的预设。

现在，如果把以上各种经验事实与计算主义预设结合起来，我们可以推知，世界上同时存在大量基于计算机模拟的但拥有与我们相同类型的经验[4]的体验者。特别是考虑到被模拟的人类也很可能会在进入他们的后人类阶段之后进行他们的祖先模拟活动，这种体验者的数量会极为庞大，以至于让地球上的人口数量与之相比会显得微不足道。如果这个推论是有效的，那么我们就可以说明为什么命题（3）为真的可能性很大[5]。

如果我们知道存在着一个"天然"的人类族群与一个模拟产生的人类族群，我们是其中之一，而且我们不能识别出两者体验的本质差异，我们不能根据我们所拥有的信息判断出我们到底是不是模拟的产物，那么，"我们是天然的"与"我们是模拟产物"两个假设对于我们而言就是无差别的，

[1] Dainton, Simulation Scenarios: Prospects and Consequences, (2002), 2.
[2] Bostrom, N. Are You Living In A Computer Simulation?. Philosophical Quarterly, Vol.53, No.211, pp.243-255. (2003a), VI.
[3] 同[2].
[4] 某些哲学家，如析取主义者，或许会反对这种表达方式，他们认为"来自计算机模拟的经验"与"来自自然世界的经验"压根就是两种类型的经验。但此处的问题在于，我们极可能最终都没有任何方法去识别我们拥有的到底是哪种类型的经验；而无论对哪种类型的经验，我们的体验是一样的。
[5] 博斯特罗姆在他的论文中用数学工具精确刻画了无差别原则在此处的应用，但重述这个技术化过程对于我们的目的来说并非必需。

根据"无差别原则"，我们是模拟产物的可能性就有 50%；如果我们知道有两个模拟产生的人类族群，那么我们就应当相信，我们生活在电脑模拟中的可能性有 2/3；以此类推，我们所认定存在的被模拟的人类族群越多，则我们就是模拟产物的可能性越大。如果如上面所证明的，模拟人类的数量非常大，那么我们本身就是这样的人类族群的可能性就也非常大。

但如上面提到的，博斯特罗姆并不认为命题（3）为真的可能性已经被确认为非常大，他强调，通过模拟论证得到的只是三个命题间的逻辑关系："如果你认为（1）和（2）都错了，那么你就应该接受（3）。同时拒绝三个命题是不融贯的。事实上，没有具体的信息告诉我们三个命题中哪个可能是真的。在这种情况下，理智的做法或许是将我们的相信度基本平均地分给三种可能性，给每个可能一个实质的概率。" ❶ "模拟论证本身并没有告诉我们这三个可能性中我们能得到哪一个。事实上，我们现在并没有任何强证据去支持或否定这三个可能性中的任何一个。因此我们应该给它们每个都分配一个有意义的概率。特别是，我们应当严肃对待我们正生活在一个矩阵中的可能性。我们可能仍然认为这个概率低于 50%。根据我们现有的信息，或许认为这个概率在 20% 左右是相当合理的。" ❷

当博斯特罗姆强调命题（3）只是一个"假设"的时候，模拟假设乍看起来与"我们可能是瓮中脑"这样的怀疑论假设并无不同。特别是其所诉诸的"世界是程序模拟"假想并不新鲜，在《黑客帝国》系列以及更早的科幻电影和小说中早有提及。但是，模拟论证与怀疑论论证还是有着本质差异的。怀疑论论证所诉诸的往往是极小的可能性，其力度仅仅在于"我们不能完全否定那种可能"。但因为这种可能性太小，用可错论、语境主义等"忽略策略"，通过调整知识标准可将其力度化解掉；在很多人看来，怀疑论仅仅是一个恼人却并不值得认真对待的问题。相比于传统怀疑论论证，模拟论证的不同之处和高明之处即在于其将模拟假设的可能性大小建立在我们现有的经验和科学提供给我们的可靠知识之上。如果这些证据是可靠的，那么模拟假设就有了相当大的实质可能性——对怀疑论假设不屑一顾的人也需要正视的现实可能性。对于反对模拟假设的人，就有论证义务去接受命题（1）或（2）中的至少一个，也就是要反对或重新解释我们的既有经验或科学知识，或者需要证明这三个命题是可以相容的。如果有越来

❶ Bostrom, N. The Simulation Argument: Why the Probability that You Are Living in a Matrix is Quite High, Times Higher Education Supplement, (2003b), p3.
❷ Bostrom, N. The Simulation Argument: Why the Probability that You Are Living in a Matrix is Quite High, Times Higher Education Supplement, (2003b), p5.

越多的经验证据支持模拟假设，那么反对者面临的压力也就越大。特别是当我们自己成功进行了大规模祖先模拟活动的时候，"那将是对（1）和（2）的非常强的反驳证据，而留给我们的选项将只有（3）"。❶

模拟假设具有比怀疑论假设大得多的实质可能性，这让它反而没有怀疑论的"攻击性"，而更多体现为启发性的。模拟论证不是一个孤立的论证，而是一个具有拓展性的讨论模型和技术工具，并可以触及人的处境和地位等最基本的哲学问题。如博斯特罗姆所说："如果模拟论证是可靠的，它就告诉了我们一些关于世界的令人惊奇和深刻的事情。这个论证是有力的，因为从一些相当简单的经验假定，它导出了一个关于世界的不寻常的结论……我们很少能从一个短小哲学论证中撬动这么多结论。"❷ 我们可以看到，围绕模拟论证的拓展研究已经在多个问题域带来了富有启发的进展，并显示出进一步取得理论成果的前景。

如果模拟假设是真的，那么就意味存在大量世界——每个世界中的居民都拥有表面上一样的经验，因而会很自然地认为他们所在的世界就是实在的。但如果只有那个自然进化来的物理世界作为"底层实在"才具有"真正的实在性"，那么其他模拟世界的"实在性"该如何理解？问题的尖锐性在于，根据经验证据和模拟论证，我们自己所处的世界在更大可能上就没有那种"真正的实在性"，那么我们现在该如何看待我们的世界的"实在性"？

如果我们严肃地面对模拟假设，那么随之而来的另一个问题是，我们的知识将面临什么样的命运？"你的第一个反应或许是如果（3）是真的，那么一切将是徒劳的，你将会疯掉。谈推理因此将会是个错误"。❸ 但博斯特罗姆又一再建议，对待模拟假设，我们的最佳方式是尽量保持一切不变，在对未来做出预测时，最好的方法仍然是我们熟悉的那些普通经验方法：由过去的趋势做出推断，科学建模和依据常识等。总之，要像我们相信这个世界不是模拟世界时那样对待这个世界。这个建议也基本符合我们的直觉，但这样做的理由何在？在可见的几篇文章中，博斯特罗姆也是仅仅给出了这个建议，而没来得及进一步说明。

模拟论证给传统宗教概念也带来了意味深长的影响和启发。"运行模拟程序的后人类，以某种方式，对于生活在模拟世界中的人们来说就像神一样：后人类创造了我们见到的世界；他们有更高级的智能；他们可以干

❶ Bostrom, N. The Simulation Argument: Why the Probability that You Are Living in a Matrix is Quite High, Times Higher Education Supplement, (2003b), VI.

❷ Bostrom, N. The Simulation Argument FAQ, (2008).

❸ Bostrom, N. Do We Live In A Computer Simulation?, New Scientist (2006,3). p8.

涉我们世界的运转，即使这会违反我们世界的物理律，在这个意义上他们是'全能的'；他们可以观察每件发生的事情，在这个意义上他们是'全知的'。❶ 这似乎为我们提供了一种可以更直观地理解"神"的方式。但同时，模拟论证也把我们推到了一个崭新的位置上：因为我们也可以进行模拟活动，所以相对于我们创造的模拟世界中的居民，我们就相当于他们的"上帝"。那么我们该如何创造这个世界？我们又该如何对待我们的创造物？

如果出于实用目的和利益考虑，我们应该像相信这个世界不是模拟世界那样去对待这个世界，继续发现、遵循并利用其中的"自然律"，那么我们是否有必要出于同样的原因继续遵循道德律？如果我们意识到自己很可能只是被模拟的生命，我们是否要继续遵循现在的道德规范？博斯特罗姆提到了这样一种类似确立宗教规范的方式的思路，即创造模拟世界的模拟者"或许会根据道德标准的基本原则而决定奖赏或惩罚他的模拟生物。如果你可能在一个矩阵中，这个考虑或许给你一个奇特的出于自利的理由而去道德地行动。这个处境与上帝正看着你、判断你的情况类似，除了最终的裁判者的角色不同——他并不是一个超自然的存在者，而是建造了矩阵的物理人"。❷ 但"如果没有人能确定他们是不是在基础层次上……即使基础文明也有理由去道德地行动……我们可以得到某种普遍伦理命令"。❸ 这种理解构成了对道德的宗教解释的一个强力补充——特别是考虑到模拟论证正是基于现代经验科学知识，由此产生的张力耐人寻味。但对道德的这种理解与现代道德哲学会发生什么联系？传统规范伦理学讨论又面临怎样的定位？这些问题都会随着模拟假设可能性的大小对我们形成相应压力。

博斯特罗姆还提到其他一些具体的哲学经典问题，如死后生活问题和他心问题。这些问题在模拟论证的背景下显得尤为直观。"死后的生活也将具有实质可能性。当一个人在一个模拟世界中死去，她或他可以在另一个模拟世界中复活"，"甚至被上传到模拟者的宇宙中并可能在那里被提供一个人工的身体"。❹ "可以想象，只有某些人会被模拟得足够细致以产生意识，而另一些可能在一个很粗糙的层次上被模拟，让他们看起来和动起来很像

---

❶ Bostrom, N. Are You Living In A Computer Simulation?. Philosophical Quarterly, Vol.53, No.211, pp.243-255.(2003a). VI.

❷ Bostrom, N. Why Make a Matrix? And Why You Might Be In One, in More Matrix and Philosophy: Revolutions and Reloaded Decoded, ed. William Irwin, Open Court,(2005). p8.

❸ Bostrom, N. Why Make a Matrix? And Why You Might Be In One, in More Matrix and Philosophy: Revolutions and Reloaded Decoded, ed. William Irwin, Open Court,(2005). p9.

❹ 同❷.

真正的人但却没有任何主观经验。"❶ 很多人出于对物理因果封闭性的确信而在原则上不承认人偶（zombie）的存在，模拟活动看起来为人偶提供了空间。因为在模拟活动中打破"物理律"对于模拟者来说显然不是什么难事。

可以想象，由模拟论证拓展出的新问题和对经典问题的新讨论远远不止以上被博斯特罗姆提到的这些。总之，随着模拟假设的现实可能性，模拟论证更表现为一系列讨论的起点。其所涵盖话题的广度和深度也使它几乎对所有哲学家开放并构成压力，每一个严肃的哲学家都没有理由对由之引出的问题或挑战置之不理。

20 世纪 90 年代，弗莱德金（Edward Fredkin）曾提出包括人在内的事物由模拟而生的观点。❷ 把生命乃至宇宙看作"细胞自动机"的构想是 20 世纪 90 年代初的一个讨论热点，与弗莱德金同期的康韦（J. Conway）和兰顿（C. Langton）等都曾为这个构想做出论述和讨论，这个想法甚至可以追溯到冯·诺依曼（J. von Neumann）那里。

但是，我们需要注意到，这些讨论中所涉及的用通用图灵机对世界进行"模拟"与博斯特罗姆的"模拟论证"的旨趣有着较大差异。弗莱德林等人的目的在于提出一种关于世界本性的可能理论模型，而博斯特罗姆并非要去再次确认这个理论模型，在他看来，"用计算机模拟世界"这种设想本身已经变得平淡无奇了，模拟论证的关键操作在于它通过引入"祖先模拟"而试图证明这样一种可能性并不只是一种理论可能性，而是一种实质乃至"极大"的可能性。这是模拟论证的核心要点所在，使之可以作为一个独立论证被对待，并区别于弗莱德金的"数字力学"（Digital Mechanics）讨论。

另外，博斯特罗姆所言的"模拟"实际上意指的是对自然人的意识的"仿制"，其背景是作为特定意识理论的计算主义，这种使用方式也让模拟论证区别于"数字力学"，因为后者对"模拟"的使用要笼统和宽泛得多。

为了更清晰地进行后面的分析，我们可以重构一个以模拟假设为结论的论证如下。

1. 人类在进入后人类阶段之前不会灭绝。（经验证据支持）

---

❶ Bostrom, N. Why Make a Matrix? And Why You Might Be In One, in More Matrix and Philosophy: Revolutions and Reloaded Decoded, ed. William Irwin, Open Court, (2005). p9.
❷ 有学者指出弗莱德金比博斯特罗姆早十几年提出了世界由模拟而生的观点。

2. 如果 1，那么人类将具有足够的运算能力。（经验证据支持）

3. 人类有足够兴趣进行祖先模拟且没有足够有效的阻碍条件。（经验证据支持）

4. 如果 2 且 3，那么将有大量祖先模拟存在。（演绎）

5. 如果 4，那么将有大量与我们有相同类型经验的体验者存在。（计算主义假设）

6. 如果 5，我们将不能发现天然人类族群与任何模拟人类族群的经验的类型间的差异。（分析 5）

7. 如果 6，那么我们是模拟产物的可能性就等于模拟人类族群占全部体验者的比重。（无差别原则）

8. 我们有很大可能是模拟活动的产物。

第二章
现有的对模拟论证的反驳

自模拟论证提出以来，哲学家们就从各个角度对模拟论证进行着反驳。针对前提 2，一系列的反对意见认为，模拟活动所需的计算量与人类所能达到的技术能力之间存在着巨大鸿沟，博斯特罗姆低估了物理世界的复杂性所带来的巨大计算量和能量要求。博斯特罗姆对此的回应是，每时每刻对世界每个细节的刻画在模拟活动中并不是必需的，计算能力只要保证，无论我们将注意力投向哪里它都足以为我们模拟出那个地方的细节即可。❶ 丹顿（B. Dainton）曾提到三个常见的证明祖先模拟是不道德的反驳：更少生存价值论证、欺骗论证和自利论证，即攻击前提 3，但他本人随后对这些反驳意见就进行了回应。❷ 还有质疑针对的是人类经验整体作为模拟假设证据的可靠性，说如果我们已经生活在模拟世界中，那么我们如此观察到的经验证据还能作为论证的可靠依据吗？博斯特罗姆巧妙地回应：如果这些经验证据因为是关于模拟世界而非真实世界的而不可靠，那么这岂不已经印证了模拟论证的结论？还有人曾指出博斯特罗姆在应用无差别原则时出现了漏洞即攻击前提 7，他由此对其对无差别原则的数学刻画进行了修改和补充。

与本书中马上就要提出的反驳密切相关的一个评论意见是丹顿提出的，针对被博斯特罗姆认为是"较弱"的计算主义假设，即前提 5 的细化讨论。丹顿指出，经典功能主义—计算主义者主张运行特定的任何种类的因果功能结构就足以产生体验性的经验，或者直接将主观体验斥之为幻觉或与意识不相关——这是很可疑的；而非还原／二元功能主义更具解释力：经验是不可还原的，与特定的功能组织必然联系在一起而不可剥离，所以非还原功能主义会更有力地支持：电脑能够模拟经验。物理主义者会把主观经验作为物质结构不可分割的性质，但他们可能会强调只有碳基大脑的物质基础才会允许如此。

丹顿说，如果有人就是不肯承认电脑不能产生经验的基本前提，那么如何展开模拟论证？于是，他把计算主义的程序式模拟称为软模拟（soft-simulation），又区分出硬模拟（hard simulation）概念，相当于瓮中脑思想实验的"现实推广"版本。按丹顿的想法，我们可以通过改变硬模拟的物理状态而完全控制其之上所承载的那个意识——无论这个"硬模拟"是来源自然人的大脑还是依照大脑结构进行的重新再造。他认为基于这种意义

---

❶ Bostrom, N. Are You Living In A Computer Simulation?. Philosophical Quarterly, Vol.53, No.211, pp.243-255.(2003a), III.

❷ Dainton, Simulation Scenarios: Prospects and Consequences, (2002), p19-20.

上模拟活动的模拟论证才具有足够弱的前提，对此不会有人反对。❶

博斯特罗姆认为模拟论证"并不基于任何很强版本的功能主义或计算主义"。他强调"计算程序将对人类大脑进行结构上的复制……将足以产生主观经验"而不需要假设"在计算机里创作一个心灵……可以在任何情形里的行为都像一个人类，包括通过图灵测试。"❷甚至在博斯特罗姆看来，产生主观经验似乎是比产生智能更简单的事情，正是这样，他才说模拟论证是基于弱前提的。虽然博斯特罗姆一再强调这一点，虽然"载体—独立理论被广为接受"，但他以上所述都说明他至少预设了一种非还原功能主义。而丹顿的评论暗示着由功能主义导出的用计算机模拟人类经验的尝试远不如基于大脑的硬模拟可靠。按其文中提到的某些物理主义者的看法，或许可以说，即使一个机器能通过图灵测试，它也依然不能产生出人类的意识经验。这意味着博斯特罗姆的计算主义预设比他所以为的更强硬。

因此就"模拟"的成功可能性来说，丹顿的方案相对于计算主义方案似乎更弱而应该得到更广泛的支持。没有计算主义理论预设的支持，博斯特罗姆所论述的模拟论证将被釜底抽薪，而失去关键支持。然而，如果把丹顿的硬模拟建议作为对博斯特罗姆的模拟论证的修正，那么我们又不禁担心模拟论证的另一个必要条件——我们还会不会有同样强烈的动机制造大量的瓮中脑？如果不会，那么模拟假设的可能性就降低了很多。而且，作为计算主义者的博斯特罗姆未必肯承认丹顿的顾虑，毕竟"这个弱版本的基质—独立理论被广为接受"。

在计算主义—功能主义和物理主义之间展开的争论不计其数。但就本书中的论证目标来说，对这些讨论的回顾并非必要。在以上所有批评意见之外，本书将引入两个独立的批评意见。首先是针对前提 5 的整一性投射谬误反驳。相比在计算主义与物理主义双方之间展开的争论，整一性投射谬误是一个更强的反驳，针对的是双方共同的基础。如果这个反驳成立，它将同时否定计算主义与物理主义双方对心灵的理解，而博斯特罗姆的模拟论证将失去最基本的前提。然后是针对前提 3 的尊严论证，这个反驳指出，即使我们不能完全杜绝模拟活动，也将大大降低模拟假设成立的可能性。

---

❶ Dainton, Simulation Scenarios: Prospects and Consequences, (2002), p6.

❷ Bostrom, N. Are You Living In A Computer Simulation?. Philosophical Quarterly, Vol.53, No.211, pp.243-255.(2003a), II.

第三章

整一性投射谬误

整一性投射谬误（fallacy of unity project，FUP）论证最早在翟振明《有无之间》❶一书第四章❷中得到明确的阐释。本节的基本思路可看作对 FUP 反驳中核心洞见的重构和拓展。但因为本书与其论述出发点有所不同，所以与本节目标不直接相关的论述在此未被提及，并且本书对 FUP 中的某些关键概念又进行了扩充说明。

第一节 空间感知经验的共时整一性特征

"整一性"（unity）是意识的典型特征。由于整一性深藏在意识的最深处，所以直接谈论意识的整一性容易遭受"故弄玄虚"的诟病。所以在此，我们要诉诸尽可能平常的经验作为出发点，再逐渐引申出我们所期待的论断。我们暂且选定一种典型的整一性，即空间感知经验中的共时整一性作为范例来说明这一点。

有这样一个常见的经验事实，我们的空间感知具有"表面上的共时整一性"。所谓"整一性"，即指在对空间中事物的感知时，我们总是将诸多物体及其背景把握在作为整一体的空间里，即每个空间部分总是首先作为其中的部分而绝不可能先于这个整一体被把握。所谓"共时"，是强调在"感知到多个物体"与"将之把握在一个空间整体内"之间没有时间上的消耗。所谓"表面上的"，是说无论这种感知经验背后的机制是什么样的，这种感知经验本身是作为事实不可回避和否认地被给予了我们的。对空间的整一体验是再平常不过的一种意识经验了，也是空间意识的基本特征之一。这个极平常的意识经验却不是一个琐碎的事实，经过分析，我们可以发现其中蕴含着深远而微妙的意义。

在大多数情况下，整体的确立是随意的和约定的。房间里有很多物品，头脑中有很多想法，我可以任意地根据某种标准选取其中的某些成员，将之组成一个集合并命名为"整体"；如果我愿意，我也可以给它添上或减去某个部分，就会产生出新的整体。这种意义上的整体数不胜数。因为对这类整体的确立总是通过调整其组成部分来完成，即依赖于联结多个元素的一次意识活动，所以总会消耗一定的时间。那么作为整一体的"空间感

---

❶ 翟振明. 有无之间：虚拟实在的哲学探险 [M]. 北京：北京大学出版社，2007.
❷ 在本章中，除非另行说明，引文皆出自《有无之间：虚拟实在的哲学探险》第四章。

知范围"也是这样一种"形式上的"称呼吗？抑或这是一种"实质的整一性"？如果我们肯忠实地反思一下自己的空间感知经验，就会发现空间感知的整一性与如上所述通常的"整体"之间有着本质区别。

刚才提到，大多数"整体"是依赖部分而得到界定的。譬如"一个国家的领土范围"这个整体的确认总是依赖于对每块土地的归属的先行确认。如果这个国家的领土发生了变化，那么我们在搞清楚新版图是什么样之前，必须要先搞清楚增加或减少的部分是哪些地方，然后将之与原有的国土相加或相减，从而得到这个国家新的领土范围。现在请参考另一个例子，在透过照相机镜头观看时随着镜头焦距被拉长或缩短，拍摄者的视场范围会相应地缩小或扩大。拍摄者是如何体验这个变化的？在这里，视场范围发生变化的情形与前一个例子里国家领土增加或减少的情形本质上是否相同？这里要问的是：视场范围的变化是否也需要我们先行确认增大或缩小的部分，然后"迅速地"把它加到之前的视场上或由之减去，才得到变化后的视场？还是说，我们总是直接把握到变化了的视场，然后才发现了视场的变化，进而才得以确认增加了或减少了的部分？

如果我们的实际感知经验是后者，这说明观者对新视场整体的把握就不依赖于对增大或减少的部分的确认；空间感知中整体与部分的奠基关系与常见整体与部分的奠基关系就正好颠倒了过来。这种"视场发生变化"的切身经验告诉我们，观者总是直接把握到变化后的视场整体，然后才察觉其与之前的视场整体不同，继而可以把注意力转向扩大或缩小了的部分；但他始终无法单独感知整体视场的一个分离部分，因为此时我们的感知结构无从安放这个部分之外的其余视场部分——除非是之前视场的范围缩小了，而使其中被关注的那个"部分"已然变成了一个新的视场整体；同理，如果我们不是把增加的视场范围已然认作新视场整体的一部分，那么我们根本不能说明新增加的东西是什么。这样，无论视场如何变化，视场整体优先被把握的地位都不会受到影响。

这样一种关系在听觉经验中体现得甚至更加明显。试想我们依次听到两个声音：第一次发声的声源有一个，在身后；第二次发声的声源有两个，身前与身后各一个，二声源同时发声。很显然，在我们第二次听到声音的时候，并不是各自分别把握来自前后两个声源的声音，再将之合并为第二次的听觉经验，而总是将二者一并直接把握为一个听觉经验整体。然后通过与第一次发声之间的比较，我们可以发现两次声音的差异，继而发现第二次发声新增加了的声源——作为第二次听觉经验整体的一部分。

对这样一种特殊的整体—部分关系的分析不仅适用于每一次具体的感知经验，也同样可以推广到对整个空间感知中去。下面将借助翟振明著作中对"盲点"现象的分析以及相应的拓展来说明这一点。

"盲点"现象的生理基础在于，人们视觉细胞的排布结构。因为眼睛的中心留有用以通过光线的瞳孔，所以视觉细胞的排布并不呈现为一个完整的圆形，而是一个环形，因此正中间没有视觉细胞分布的区域无法感知光线和形成视觉神经冲动。这就造成：一方面，从观者之外的第三人称视角来看，观者会对空间中的某个区域"视而不见"，是为"盲点"；但另一方面，就观者的第一人称视觉经验来说，他却绝对不会发现视场中央有一个空洞——否则这个空洞会是什么颜色呢？是黑色吗？但"黑色"的视觉经验对应的生理事实是"视觉细胞没有感受到光线"，而不是"没有视觉细胞"！事实上，在第三人称下得到确认的"盲点"在第一人称下被体验为"运动的不连续性"，而没有任何"点"状经验发生，用著作中的原话说就是"当被观察的物体和眼睛之间存在相对的运动时，盲点将引起感觉的某种不连贯性：物体或其部分将突然显现和消失。它会出现，接着消失，然后重新出现"。❶ 这说明在第一人称的感知经验中，视觉细胞空缺造成的视觉刺激的缺失总是被空间感知结构所弥合，使我们并不会在视场中感知到任何空洞或裂缝。下面我们将把盲点经验的产生机制推到更极端的情形中，以更明确地凸显我们的空间感知结构的作用机制。

如果我们对一个观者做一个手术，间隔若干距离去掉他的若干视觉细胞，即相当于在视觉细胞的环形分布面上打了很多瞳孔大小的孔，或者说，让他拥有了不止一个而是许多个"盲点"，这个观者将会拥有什么样的视觉经验？按我们对盲点机制的分析，如同这个观者不会因为盲点而看到一个洞一样，他也不会因这样一种手术而拥有一个筛子样的视场。在没有物体和他的眼睛发生相对的运动的时候，他的视场仍然将是无缝的和完整的；站在特定位置观看黑板上所写的"ABCDEFGHIJK"时，普通人可能会看到"ABCDEGHIJK"，而经过这个手术的人看到的将是"ACEGIK"，但无论谁都不会因为视觉细胞的缺失而看到"存在着空隙的字母列"。

在第三人称看来，这个观者经验到只是空间的碎片；但在观者的第一人称切身经验中，他的视场却完全是整一的和连续的。因为我们的感知结构必然将空间经验把握为一个整一体，无论这些整一体在第三人称看来是

---

❶ 翟振明. 有无之间:虚拟实在的哲学探险 [M]. 北京:北京大学出版社,2007:93.

多么的支离破碎！就此，我们可以说，空间感知中体现出的整一性并不像一般的"整体"那样仅在形式上作为一个约定集合的名称，而是具有主观意愿不可抗拒和变更的实质性内涵。

在上文我们花费了不少篇幅来说明"共时整一性"中的"整一性"方面，即我们实际经验到的空间是一个怎样的"整一体"。下面我们要通过另外的简单示例来说明空间感知的另一个特征——"共时性"。其实这里的"整一性"与"共时性"是有着内在关联的两个方面。从对"整一性"特性的描述我们可以推知，空间感知范围中各部分总是一并被把握的，而不是随着感知范围的增加一点一点积累起来的，所以其并不依赖时间过程。但是如果一定要放到时间流中表示，其就表现为"共时性"。与之形成对比的是，一般意义上的"整体"的确立依赖于部分的积累相加，因而总是耗时的。但是为了能更直观地展示这一点，我们将对"共时性"进行独立的说明。

设想有三张白纸：第一张白纸上，画有 2 个靠近但分离的黑点；第二张白纸上，在"清晰视角"（大约为 5°）范围内，画有 100 个靠近但分离的黑点；第三张白纸上，正反两面各画 1 个黑点。现在请反思我们分别观看"白纸上所有黑点"的三次视觉经验。

虽然第二张白纸比第一张白纸上的黑点数量多出很多倍，但很显然，我们"观看第二张白纸上的所有黑点"并没有因为点数的增加而有任何相应的延迟。我们"观看第二张白纸上的所有黑点"所耗费的时间——如果有的话——并不比"观看第一张白纸上的所有黑点"所耗费的时间多；换句话说，观看两张画有数量差异很大的黑点的白纸的时间——如果有的话——是相同的。如果观看 2 个黑点与观看 100 个黑点"花费的时间"一样多，那么我们只能承认，多观看 98 个黑点并不耗费额外的时间，进而言之，并不耗费任何时间。既然观看 98 个黑点不花费任何时间，那么观看每个乃至 2 个黑点也不会花费任何时间。我们或可进而推知，在清晰视角范围内，我们一次观看无论多少个分离的黑点，都是一次完成而不耗时的。但是，"观看前""观看到"与"观看后"总是在一个连续的时间意识流中，因此我们会把观看到多个黑点的非耗时特征描述刻画为"共时"观看到了多个黑点。相比之下，对"观看第三张白纸上所有黑点"的感知经验就完全不同于前两次的观看。无论我们以多么迅速的动作翻转白纸以在尽可能短的时间内把正反两面的黑点全部观看到，对"第三张白纸上的所有黑点"的感知也已是有时间间隔的"两次观看"的累加，所以，无论如何也不能像观看第一、第二张白纸上的所有黑点那样，被我们共时把握在作为一个整体的空间范围里。

至此，我们阐述了空间感知经验的关键特征"共时整一性"的全部内涵。再次概括来说：我们总是在一个原本整一的空间范围中组织起各种外感知经验 ❶；因为这个整体不是作为部分的累加出现，但部分总是首先作为这个整一体中的部分被把握，所以这个整一体的获得不是历时的，而对空间各个部分的一次感知总是共时的。简单回顾一下哲学史，这可以说也是康德"空间是直观形式之一"论断的常识内涵。但鉴于本书的目的并不在于考察哲学史，所以在此保留将本文观点与康德的论断进行进一步比较的余地。

第二节　经典力学框架内不存在共时整一性

在上一节中，我们描述了空间感知经验的典型特征——"共时整一性"。如果博斯特罗姆或丹顿的设想是可行的，即可以通过计算能力超强的计算机或足够发达的脑科学技术实现对我们和所处世界的"模拟"，那么这意味着，从计算主义者或物理主义者的一些基本思想出发，在原则上一定能够说明"共时整一性"作为经验的典型特征是如何可能的。下面我们就来考察他们的这种期望在逻辑上能否自洽地实现。

让我们再以画有 100 个黑点的那张白纸为例——当我们将目光朝向这张白纸时，我们是如何共时地感知到聚在一起的所有黑点的呢？

物理主义或许会这么描述"共时整一性"产生的物理机制。100 个黑点分别位于物理空间中的 100 个位置上。光源产生的光线照射在黑点以及白色背景上，被反射到视觉细胞上，分别感受到"黑点反射出的光线"（准确来说是"没有接受到任何光线"）的 100 组视觉细胞又分别产生了特定的神经冲动。通过视神经束的传导，神经信号进入了大脑的某个专门负责视觉感知的区域，在特定机制下实现某种综合，使得我们产生了对"100 个聚在

---

❶ 嗅觉与味觉的产生并不以空间为形式和前提条件；而视觉、听觉、触觉与"空间"的关系也并不处于同一个层次上。按翟振明《视觉中心与外在对象的自返同一性》一文的论证，空间点本身的同一性也总是依赖于视觉才能加以判定。因此，听觉与触觉空间感的形成实际上也依赖于视觉首先确认的空间。但各个感官间的区别并不影响到此处的论断。

一起的黑点"的感知经验。计算主义所理解的意识现象并不依赖于这样一个特定的刺激接受—神经传导—大脑处理的生理过程，而是能支撑特定符号间运算的因果过程。"意识是一种符号模式的功能，而不是物理性相互作用式的功能"❶。按这种理解，通过运行特定的程序行，便能产生关于 100 个黑点的"经验"——这也是博斯特罗姆的论证所依赖理论预设的基本内涵。因为 100 个黑点在空间经验中的位置各有区别，所以以初始的程序行原则上要可以分解为 100 个有所不同的语句。这些程序行或许在一个多线程进程中同时运行，其取得的值被传递到另外的程序行中……最终让我们产生观看到 100 个黑点的感觉经验。

如果以上这种粗略的构想符合物理主义和计算主义的基本内涵，那么我们就可以向他们提出这样一个问题：在我们产生"同时观看到 100 个黑点的经验"时，我们的"大脑最终接收到的是来自两（多❷）个空间分离的地点的相应的各自独立的信号，还是一个综合的信号呢？"❸或者相应地，我们的计算机载体所运行的是可以拆分为 100 句的互相独立程序行还是不可拆分的一个程序行呢？很显然，如果最终的信号或程序依然是位于 100 个空间分离地点上或运行在可以各自独立的程序行里的，那么我们所强调的"同时感知到一个视场整体"的经验特征就始终不能被实现出来。因此，"最终我们将不得不采取第二种选择，即在大脑的某处有一个单一的地点接收一个单一的综合信号形成最终的统一视场"❹，或相应地，通过运行一个本身不可再被拆分的程序行来做到这一点。但我们很快就会发现，单从经典力学的基本预设出发并将这些经典力学基本原则贯彻到底的话，对"共时整一性"特征的说明将面临着巨大的困难。

经典力学框架有一个基本前提，即斯塔普（Stapp）指出的"定域原则"（locality principle）："任何物理系统能够被分解为单一独立的局部要素的集合，各要素仅同其直接邻近物发生相互作用"。❺这也是神经科学的默认前提，即会被物理主义所接受。计算主义所强调的符号关系与神经元之间的关系并不一样，但这并不构成实质差别，因为计算主义在这里要解释的也是意识现象的产生和运作机理。譬如，大脑作为符号系统的状态，"就是

---

❶ 翟振明. 有无之间：虚拟实在的哲学探险 [M]. 北京：北京大学出版社，2007：100.

❷ "多"字为本书作者补加。

❸ 翟振明. 有无之间：虚拟实在的哲学探险 [M]. 北京：北京大学出版社，2007：98.

❹ 同❸.

❺ H. Stapp, Why Classical Mechanics Cannot Naturally Accommodate Consciousness But Quantum Mechanics Can?，1995, p3.

被解释为由作为单一独立要素的神经元的激发 / 抑制两择一状态聚合起来的某个区域的总体状态。一个被认为可以实现一个复杂功能的神经元符号系统完全等价于各个神经元符号功能的关系的总和。"❶

定域原则对于任何接受了现代科学教育的人来说并不难以理解。任何一个物理系统（一台钟表或一个生物体）都可以被分解为各个组成部分的组合。这些局部单元中的每一个都有其独立状态，而且它们只会与直接相邻的其他单元发生作用。当足够多要素出于某种功能考虑组合在一起时，就构成了钟表或生物体。如果将定域原则贯彻到底，那么整个自然界也不过是这类系统的放大版；相应地，在经典力学框架中具有终极本体意义的就只有各个时空点上各种场的作用，而任何复杂物理系统最终都可以化归为这些基本要素的状态的复合。

所以对一个物理系统进行完全描述，无非就是去确定每一个局部要素的状态；对系统整体的描述就等同于把对每个单元状态的描述集合在一起。这种描述方式被斯塔普称为"内在描述"，即我们"对任意一个物理系统的完全描述即是通过对在每个相关时空点上的各种场（如电场、磁场）进行赋值就得到明确说明"。❷ 所以，通过内在描述解释物理系统各组成部分之间的作用机制，是经典物理研究的基础工作，也正是对定域原则的贯彻，即不能设定空间分离的物理对象可以无中介地直接互相作用。

但在实际中并非只存在描述局部要素的内在描述，还存在大量针对由局部要素组成的系统整体的描述。而每个系统的含义及其成员组成是由研究者确定的，譬如，我们可以直接记录"这台机器"或"这个生物体"的状态如何，可以同时指称一台钟表中"所有的齿轮"等。这被斯塔普称为"外在描述"，外在描述"在一个外在观察者的心灵中得以形成，可以自由地同时考察或一下子处理所有组成内在描述的数字……内在描述层面上的'诸独立实体的集合'在外在描述层面上能够成为单一实体。"❸"外在描述在我们的认知活动中有其独特的意义。在对一个物理系统 A 进行内在描述时，一方面，我们先要把 A 从一个更大的背景 A'中分离出来，这就必然暗含着对这个 A'的外在描述；另一方面，我们可能又要把 A 的组成要素分解成若干更小型的系统，如 a1、a2 等，并将对其中之一的描述作为完整的描

---

❶ 翟振明,李丰. 心智哲学中的整一性投射谬误与物理主义困境 [J]. 哲学研究,2015(6)：106.

❷ H. Stapp, Why Classical Mechanics Cannot Naturally Accommodate Consciousness But Quantum Mechanics Can? , 1995, p3.

❸ 同 ❷.

述过程的开始，而这意味着我们在对 A 进行内在描述之前也已经暗含进行了某种外在描述，依此将组成 a1、a2 的诸局部要素联系为作为单一实体的 a1 和 a2。有了这两方面的外在描述，我们对 A 的内在描述才有了每一时刻所针对的对象。如此看来，外在描述，作为内在描述之达成所需的手段，对于经典物理知识体系的建立来说也是不可或缺的。"[1] 所以外在描述也是进行任何物理研究无可回避的。但如果外在描述可以同时指称空间上并不直接相邻的要素，这似乎就突破了定域原则，而按照斯塔普的定义，这是借由研究者的心灵具有的综合作用而实现的。研究者总是可以按照自己的需要对系统的要素范围任意划定，无论要素间是否存在因果关系。也正是这个观察主体自身具有的这种整合功能，使得外在描述得以可能。也就是说，观察者作为经典框架之外的"附加物"与定域原则一同起作用，经典物理学才能构建起来，而后者在任何时候都不可能代替前者。

而经典力学式框架下的物理主义和计算主义试图仅仅在定域原则内解释意识经验的产生机理。他们找到的"所有这些分离的事实不能以有意义的方式将自己'聚集'起来。对于每一个点上的单个事态来说，所有其他事态，无论是远离的还是毗邻的，也不管是在大脑内还是大脑外，都是一样地异质和不相干的"。[2]

回到我们前面提到的例子，既然经典力学空间中的每一部分是真正"原子式"的和相互独立的，即这些部分间本来就没有任何作用关系，而且每一部分又可以随意地区分下去，那么这意味着，来自 100 个乃至任何 2 个分离的点的神经信号在原则上将找不到任何一个单一的点来发生能够产生整一性空间感知经验的综合作用；也就是说，这种综合作用将随着作用点的无限后退而永远不会发生。

其实，对空间的无限可分设想造成的"无穷后退"困境，在 2000 多年前就被芝诺（Zeno）通过悖论形式揭示了出来。在此，哲学家并不被允许使用最容易想到的微积分来破解这个困境。因为微积分最早是为了解决无限性带来的计算困难而发展出的数学工具，其合理性在相当长的时间里仅在于其实用性。即使基于实数理论，微积分的基础——极限概念终于得到了精确刻画，但其本身的奠基问题并未得到充分说明。微积分方法"解决"无限逼近问题的策略是对两个本不等同的值——"无限逼近"与"极限值"外在地做了某种联结，把二者之间的鸿沟（无论多么小）通过"极限"的

---

❶ 翟振明, 李丰. 心智哲学中的整一性投射谬误与物理主义困境 [J]. 哲学研究, 2015(6): 107.

❷ 翟振明. 有无之间: 虚拟实在的哲学探险 [M]. 北京: 北京大学出版社, 2007: 102.

定义弥合了起来，从而在计算时可以把它们等同起来。但这种操作本身何以可能，为什么可以这样定义极限概念，还是哲学家和数学家所要面对的问题。如果要将经典力学空间的基本性质贯彻到底，那么物理主义者也就必须消除无限可分的经典力学空间与作为整体的经验空间之间的隔阂。

如果物理主义者 ❶ 愿意诉诸现代物理获取支持，我们会发现一种微妙的情形。根据基本的物理学常识，所有的"物质"由基本微粒组成。物理学目前的主流理论"标准模型"理论声称宇宙就是由 62 种基本粒子 ❷ 组成的，而这些粒子是不可分割的。所谓"不可分割"，是指一旦降到量子尺度上，经典力学框架下的空间概念就失效了。量子力学告诉我们，最小的可量长度是普朗克长度。一旦小于 $10E^{-35}$ 米，我们就无法再谈任何"距离"——空间就显示出作为一个连续的整体的特性 ❸。在充斥着场和力的量子层面上，"在哪里"在此时变成了一个假设。此时所谓的"粒子"，不过是我们为了"直观"把握这些场和力的自由度而做出的形象比喻。这又揭示出了一个有趣的局限性，即我们依然需要把非空间的东西空间化才能"直观地"理解它。由此看，无限可分带来的无穷后退困境的确并未在物理学上造成真正的威胁。但引入和依靠量子力学就已经默认了经典力学框架在此处的失效，量子力学正是由于经典力学在充分解释世界的能力上存在着内在局限性而被提出的。这样一种倾向暗示着解释者在自以为贯彻了经典力学的时候可能已经不经意引入了与初始原则本不相容的因素作为有局限的初始原则的补充。

物理主义者可能会辩解说：物理主义在解释意识现象时，根本没有溯及量子层面，因此其对意识的解释不会因量子力学对经典空间观的颠覆而失效。作为经验事实，神经突触或化学信号分子之间的互相作用并没有无限地传递下去，而是在神经层面至多分子层面就已经完成了刺激和传递。因此，感知经验的"整一性"的实现并不一定来自一个抽象的"单一的地点"；100 个分离的神经信号会在一个负责完成整一操作的大脑区域中发生综合作用，从而被"汇聚到一起"，并产生具有整一性的视觉经验。

但这种说法只是把问题推到了一个同样说不清楚的地方以试图掩盖真

❶ 现在哲学界流行的"物理主义"的称呼其实是非常不准确的，更准确的称呼是"经典力学物理主义"。

❷ 标准模型推算出的 62 种基本粒子中，多年来唯一未被发现的希格斯子在 2012 年被确认发现。英国物理学家希格斯因其理论就此得到了验证而获得了 2013 年诺贝尔物理学奖。

❸ EPR 效应的实验证实，以及正在走向实用的量子通信技术等都向我们证实了这样一种对空间的理解的有效性。

实困难所在。如果这个由分散到整一的综合过程不是在"一个空间点"上而是在"一个区域"中完成，那么这个区域中的作用机理是怎样的呢？这么问并不是要求物理主义者给出我们获得"整一"经验时所对应的在大脑某个区域中发生的具体的神经作用机制，而是要在概念的层次上问物理主义者：由原则上分离的部分之间的某种作用得到的"整一性"与第一小节中所描述的空间感知经验的"整一性"有可能是等同的吗？

在神经层面，斯塔普对经典力学框架中事件离散性的诊断依然有效。所以，负责"综合"作用的大脑区域中所发生的诸物理事态在每一瞬间原则上是分离的，因此如此产生出的"整体"事态说到底是各个部分事态的聚集。在第一节中，我们强调区分了"部分相加的整体"与"空间感知中视场的整体"两种整体间的区别。在前一种"整体"中，整体的事态最终依赖于每个部分的事态，如相机感光元件上形成的"图像的整体"最终依赖于每个像素点的排布和显色。而我们的空间感知经验获取整一性的方式与此截然不同。如果我们忠实地去描述获得感知经验的过程的话，那么可以发现：我们无论如何是感知不到作为一个部分的"像素点"（或"视觉细胞"）上的光线刺激的，视觉感知经验的获得更不是通过各个小部分上光线刺激的相加的总和。与此相反，人的视场总是首先作为一个整体而形成的。这种自始就未曾分离的整一性与由分离部分相加得到的整体之间总是存在着一道鸿沟；说明这种范畴上的跳跃是如何可能的，对于物理学来说是极为神秘的。

物理主义者或许会试图用部分之间的因果作用来说明这种整一性。且不说即使在时间中相加，诸状态部分仍不会获得我们经验中显现出的这种整一性，因果过程的历时性也已经与共时整一性特征中"共时性"形成了不可调和的冲突。因为一个"瞬时"的意识状态并没有给因果过程留下任何时间。"为了实现意识的瞬时性统一，或者说为了形成一个统一的视场，任何相互作用都必须被排除在外"，而"一个因果变化必需一定的时间性持续"，"局部要素间的相互作用需要一定时间"，所以，"如果我们去除时间因素，相互作用就不会发生"。

在"一下子看到 100 个黑点"这个过程中，或许从 100 个黑点反射的光线接触视觉细胞直至送达负责"综合作用"的大脑区域所花费的时间不能被算作获得"共时整一性"的时间消耗。但是 100 个信号被综合成一个的这个过程不可避免要发生用以达成统一性的某种相互作用。无论最终相互作用元素被分割得多么小，其间隔多么近，如果必须通过相互作用才能统一起来，那么这个统一就必然是花费时间的。可以说，通过研究大脑状态不可能解释任何瞬时完成的统一性操作。

计算主义者的压力只会比物理主义者更大，因为计算主义的主张更强。任意符号间本来就是分离的，两个符号本来无论如何也没有什么内在联系，所以前面对物理主义得出的结论完全可以用到计算主义身上去。计算主义虽然不是因果的，因而不能说是物理空间中的，但经典计算机架构也同样受到定域原则基本原理的支配，即都是一开始确认了分离的部分（微粒、符号）的优先性，而后再经整一投射聚合出整一性来。

综上分析揭示了经典力学式框架的内在局限性，特别是其在解释空间感知经验的"共时整一性"时所存在的困难。所以，若把经典物理学的时空假设贯彻到底，将在原则上无法解释意识内容的整一性。如果空间感知的"共时整一性"特征的确是个经验事实，那么我们可以反推出经典力学框架本身不能作为意识经验的充分解释。如果这样，那么博斯特罗姆或丹顿的模拟设想就是不可能成功的。

但同时，无论是物理主义者还是计算主义者，都声称通过对物理因果过程或符号运算过程的说明，足以解释清楚经验的共时整一性是如何可能的。那么这说明他们其实一定是在物理或符号运算过程之外又引入了外在的与其初始基本原则本来不相容的因素或操作，来说明空间感知经验的这种整一性。如果在经典力学框架下确实不存在这种整一性，那么物理主义者和计算主义者在进行解释时所不经意引入的正是这样一种原本的整一性。

第三节　整一性投射谬误

经典力学式框架下的"部分"——无论是物质微粒还是符号——的原本状态是离散的，这对于物理主义者与计算主义者来说是默认接受的。他们要主张的是，这些离散态的部分之间的作用——因果作用或运算——最终能够产生某种整一性，如空间感知中表现出的"共时整一性"，以及意识现象本身。在前面我们已经说明，这是两个无法通约的范畴，从原则上分离的部分出发无论如何也不可能达到那种原本的整一性。但如果我们想更深入地理解两种理论的症结所在，我们就得进一步探求，他们为什么会自以为成功实现了两种范畴间的跳跃呢？

一种代表性说法是计算主义者侯世达（Hofstadter）的突显说。他认为，"人的智能或意识对于符号的关系就像油画对于色点一样。在一幅油画中，每一个色点单独看起来是没有意义的，但许多单个的无意义的色点凑在一起就突显出更高层次的属性，从而产生出一件富有意义的艺术品。与此类似，人的智能或意识正是这种从较低层次的符号中突显出来的属性"。这是个用于说明意识是突显性质的著名类比。但结合稍许美术史知识，这个例子正好可以反过来帮助我们说明两种理论所陷入的整一性投射谬误。

按侯世达的理解，画布上的色点完全属于物理空间的一部分，而任何"突显性质"也是遵循物理律从色点的集聚产生出来的，所以"油画"作为诸多色点的突显性质，应当是一个与任何主体无关的"客观"属性了。这种"客观性"具体表现在，每当我们看向画布上的诸多色点，就一定会看到某某图像。按这样的描述，似乎诸多色点对于这幅"油画"的存在而言就是充分的。但仔细反思下，我们也可以说，我们没有一次是在不观看或想象那幅图像的情况下断定画布上确实有一幅"油画"的。仅就此而言，我们有理由推测"我们的看"也可能是实现这幅油画的客观存在的必要条件。那么能不能进一步证实这一点呢？

波洛克（Pollock）的滴画艺术价值很高，却不容易被不了解现代美术大背景的观看者"欣赏"。如果"图像"如侯世达所言，是色点组合突显而出的客观属性的话，那么，图像的被把握应该不会在主体间造成差异。但一个事实是，一个未接触过任何现代艺术的观者面对波洛克的滴画作品所能接受到的画布的性质除了凌乱的色点外还是色点——他并没有看到一幅"油画"！这种情景在艺术欣赏中极为普遍——甚至同一块画布上相同的色点，向不同的欣赏者突显出的可以是完全不同的"油画"。这说明，"油画"并不是诸多色点自己突显出来的性质，而欣赏者主体的"观看"行为紧密相关；而画布始终是物理的。这说明"油画"与"色点的聚集"之间并不是一种物理联系，而"油画"这样一种"突显性质"其实与主体的行为密不可分。如同"一千个人有一千个哈姆雷特"的说法所体现出的内涵，欣赏者总是将自己的理解投射到艺术形象上去，并把投射的性质当作艺术形象本身所具有的属性。反之，如果没有了观看者的特定观看—投射行为，波洛克的画作就真的只是表现为一些色点的聚集（事实上在很多人看来就是如此）。

反驳了侯世达的一个例证当然不意味着驳倒了他的立论。但是在侯世达看来如此明显的一个例子实际上却被证明是他的误解，这不禁给了我们关于意识理论的一些启发。我们再来分析意识作为物理结构的突显物这个主张背后的一些东西。

侯世达可能会说："油画"作为突显性质确实有主观因素的参与，但"意识的突显"与此不同。从物理结构到意识的突显与主体并无关系，活动的大脑或运行的程序难道不是总能突显出意识吗？如果我们要求他给出更多的辩护意见，尤其请他说明空间感知中的"共时整一性"是如何获得的，他会怎么做？他会引用最权威的神经科学成果向我们说明，当我们产生了某种经验，包括感知到空间整一性时，我们的大脑的特定区域有什么样的活动；通过进一步分析相关的神经结构，他会建立起具体的机制模型……最后向我们宣布：在如此……如此……的物理结构之下，意识就突显出来了；而"共时整一性"正是如此……如此……的机制运作所产生的结果；因此，如果我们设计并运行一个与这种机制具有相同结构的程序，那么"共时整一性"也会产生出来。

按这样的解释，整一性是内在于大脑结构或特定的程序当中的。物理主义者或计算主义者用详细而复杂的理论来建立起意识经验与神经活动之间的具体的对应联系，以弥合"整一"与"分离"两范畴间的逻辑鸿沟。但如果我们在第三章第二节中的结论是可靠的，即经典力学框架中的神经细胞或符号从逻辑上不能推出真正的共时整一性，那么在这个解释过程中，他们就必须在经典力学框架之外引入整一性因素。如果从分离部分出发去解释共时整一性只会导致无限后退，那么我们就"最终只有通过非分离的解释才能停止这一倒退"。

这种非分离性的解释，即原本的整一性，要到哪里去找寻呢？找来找去，我们最终还是只能在它被注意到的地方，即意识本身之中找到它。所以，这种被潜在引入的原本整一性，正是来自每个研究者本身。研究者的意识始终保持着整一性，又"由于意识的整一性首先呈现为空间性统一的形式，这种整一性被直接投射到被观察物体中"，即研究者在进行空间感知时，总是会把意识的整一性也投射到空间中去。因为这种投射与人的空间感知行为总是必然联系在一起，不随人的意愿而转移，所以不经反思，我们并不会留意到这种投射。正因此，这种总是在不经意间完成的投射行为极容易让我们以为这种整一性是属于空间本身的。换句话说，这种投射把第一人称独有的东西投射到了第三人称世界中去，把经验空间所具有的整一性投射到了数学化经典力学模式的物理空间上去。这使得物理空间具有了不协调的双重性质：一方面，在本性上它是离散的和"原子式的"；另一方面，它又被我们认为是整一的——正是这一方面让物理空间有了解释意识整一性的可能性。正因为研究者总是在不经意间将自己所拥有的意识整一性投射到了物理空间上去，然后他才会以为处于物理空间中相互分离的材料可以"产生"出这种整一性来，跨越与诸局部要素之间的鸿沟。正因为这种投射行为的存在，计算主义者才可以轻易得出一个推论——只要一个符号系统具有特定的结构，那么它就能够产生出与我们一样的意识来，以至于"任何可能的物理结构都能被诠释成一个符号系统"❶，"每样东西都可以被诠释成有意识的"。出于同样的原因，博斯特罗姆说意识的"载体—独立"是一个广为接受的预设，而这正是物理主义和计算主义研究者普遍持有的一个误解，即物理空间中分离的局部要素通过恰当的组合就可以产生出具有共时整一性的意识来。

现在，我们可以给出对 FUP 的明确定义："在对某物体（比如说大脑或计算机）的假定的精神现象进行经验的实证研究时，一个人假定被研究的材料的空间整一性内在于此研究材料本身，而实际上这种整一性来自研究者自身的进行观察的心灵的投射。换句话说，观察者将整一性投射到所面对的研究资料中，这种所谓的整一性其实只是他或他自身的构成性意识在背后进行综合的结果。这种投射，是在假定（或试图假定）被研究的对象如何保证具有感知和意识的整一性时所不经意地做出的。"❷

但物理主义者和计算主义者很可能会拒绝 FUP 指责并这么回应：既然"共时整一性"是由意识投射到物理空间而获得的，那么说明整一性只是一种主观经验而已，即仅是一种"表面上的整一性"。整一性经验中的"一"未必就是指物理空间中的一个点，只要多个东西的互相作用也能产生这种整一性经验，那么完全可以"物理上不整一"而"经验上整一"。同时性经验的"同时"也不等于物理过程的同时完成，只要物理过程消耗的时间低于人的感觉阈值，那么也完全可以"物理上历时"而"经验上共时"。这样，物理主义者与计算主义者为我们勾勒的世界图景是：实际上只有分离着的物理空间部分，并不存在真正的整一性；感知经验的"共时整一性"特征，甚至意识本身就是一种幻觉。这样一种反驳貌似"彻底"，似乎所有的经验证据都可以被斥为"主观感觉"而失去参考价值。但实际上，这正暴露了物理主义与计算主义的根本出发点是什么样的。

日常经验告诉我们，第一人称的经验有时并不可靠。但如果"共时整

❶ Searl, John R. The Rediscovery of the Mind, Cambridge: The MIT Press, 1992.
❷ 翟振明. 有无之间：虚拟实在的哲学探险 [M]. 北京：北京大学出版社，2007：97.

一性"是一种"幻觉",那么这种"幻觉"与其他种类的幻觉是同一种类型吗?按"共时整一性"的明见性程度和出现频率,如果它是一种"幻觉",那么的确,我们的意识中也没有多少内容可能不是幻觉了。但这样一来,我们对经典力学规律的任何把握还是不是可靠的?如果说我们的意识全是幻觉,那么研究者何以获得了一个特权地位来做出这个判断?……

无论如何,物理主义者或计算主义者也需要向我们解释一下那至少是"表面上的"共时整一性。如果那确实是幻觉,那么他们一定不会拒绝指出这种幻觉背后的产生机制。但他们所能做的,依然是指给我们一系列在原则上离散的过程,然后声称"这就是你所谓的'整一性经验'了"——尽管我们不能从逻辑上将"分离"与"整一"连接起来,更无法直观到物理机制与整一经验的同一。如果在这里总是需要思维的"一跳",其实这个"裂缝"是大是小已经无关紧要了。只要他们向我们宣布,这就是对你共时整一性幻觉的解释了,我们连反驳的余地都没有。

在这里,物理主义者和计算主义者之所以能够推断出"整一性是幻觉",是因为他们在出发点处已经预先设定了一个标准——只有物理空间(经典力学式、数学化)中的第三人称视角才是有效的。而这种态度其实已经蕴含了对第一人称证据有效性的排除,这样,无论我们试图从第一人称视角下提出什么样的经验现象作为反例以证明经典力学框架在解释意识时的局限性,这些反例当然都可以被归于"可以被解释"或"将被解释",要么就干脆是"不存在"的。所以用物理解释证明共时整一性不存在的论证即使是有效,也不算是一个健全的论证,因为所预设的前提本身是独断的。这意味着,到此处我们无法与物理主义者和计算主义者进行进一步的理性探讨了——因为他们能继续提供的,只有独断的预设,而没有理由。

"一切解释最终都要回溯到经典力学中去"——这样一种先见正是产生FUP的根源。"在本体论层面,FUP来源于我们根深蒂固但不正确的常识和牛顿力学假定:空间位置性完全独立于我们的感知,一切事物包括精神现象均占据一定的空间性位置。"不做任何跳跃的话,"空间"的最早含义总是"经验空间",而这已经是意识整一性投射的结果。"由于意识的整一性首先呈现为空间性统一的形式,这种整一性被直接投射到被观察物体中。在一般情况下,由于意识的发生机制不是作为被研究对象,这种投射还不致引起麻烦。"也就是说,基于这个假定来研究经验空间范围之内的事物没有问题;然而如果在不经意间抹去"理论假定"中的"假定"二字,将之悄悄上升到实在地位，并作为一切解释的最终来源，就很危险了。这使得当空间意识的发生机制本身成为被研究对象时，我们依然将其作为物理空间中的一部分来研究，即"被讨论的意识和进行讨论的意识被这种投射混淆到一起了"，这意味着我们不可能给这个"正在进行讨论的意识"一个彻底的解释。这种做法如同把一支点燃的蜡烛与反射着它的光芒的光亮物体不加区分，一并理解为"发亮的"，甚至试图用屋中的光明去解释蜡烛的亮度。说到底，因为空间意识的发生机制本身是不能被放到经验空间中去的。而按经典力学空间模式的理解，还让人以为主客是分离的——意识处于物理空间中作为其一部分，所以还自以为确实成功地解释了意识。因此 FUP 会反过来"印证"和加深这种误解。

前面的所有论断一直试图说明，基于经典力学框架对意识进行彻底理解在原则上是不可能的；甚至，意识将从被物理主义者理解为经典力学空间所解释的对象，倒转成为解释经典力学空间何以可能的基础。但这样的论断与近百年来脑科学所取得的巨大成就相对比，似乎显得很不合时宜，甚至可能被解读为持有一种反科学的态度。但如果我们肯简单梳理一下现代科学与物理主义（计算主义）的关系，就会发现将意识排除在经典力学的解释范围之外至少丝毫不会阻碍脑科学研究的进行。

作为经验科学的脑科学所做出的努力与取得的成果，在原则上并不依赖于任何本体论的断定。它只要假定经典力学框架是一个在经验研究中"有用的"框架即可——在其中能确定和表述（大脑的）某种物理状态，并能在这样的物理事态与第一人称经验之间建立其规律性联系——取得与意识经验在功能性上对应的充要条件。在这种意义上，脑科学取得了大量成果。

脑科学家根本不必作为一个形而上学家就可以进行这种研究。这个寻找功能—经验联系、建立和检验理论模型，并求得预测和实用效果的过程与形而上学判断毫无关系。即使我们是瓮中脑，即使我们是被计算机程序模拟的人——如果可能的话，即使我们身处随后会讲到的虚拟现实中，脑科学家的研究策略都不会有什么改变。

对"对应性规律"的掌握确实不断增强着经典力学的有用性，但却并不会使经典力学框架失去"假说"的性质。如果一个脑科学家忘记了经典力学框架作为理论假定的内在局限性，而要断言"实在"就是这个样子，他就变成了一个形而上学家。这正是物理主义者做的事情。物理主义者与纯粹从事脑科学研究的科学家不同之处在于，他们有着强烈的本体论诉求。

物理主义理论的建构基础也在于寻找意识经验所对应物理事态的方法。物理主义者借助脑科学成果，力图通过展示我们对意识经验的功能对应项掌握得多么精确，即在意识与大脑结构或计算机的功能之间有多么准确的对应关系。但他们这么做的最终诉求在于做出一个形而上学论断，即意识经验等同于或完全依赖于大脑或计算机。而且他们认为，只要足够阐明了意识经验与物理结构之间的关系，就足以证明这一点。

无论"心理概念"的意义来自何方，第一人称下的经验与物理机制或计算结构总归是从两种视角看到的东西。两者在功能上的充要对应关系并不蕴含着前者完全取决于后者，也并不蕴含着两者的等同，而干脆取消前者的做法无异于削足适履。因此，拒绝物理主义的本体论立场，主张对意识的彻底解释独立于脑科学之外根本无损于脑科学的价值，更不会阻碍脑科学的研究。因为脑科学的出发点在于由第三人称视角建立起来的经典力学框架内。充其量这只是重新明确了脑科学的范围限度。

第四节　可能的物理学框架

经典力学框架对意识进行充分解释的不可能导致我们只能寻求另外的框架。

物理主义以取消第一人称视角独立地位的代价抹消了两个视角的实质区分，这种处理方式已经被我们否定。那么"我们承认了两种视界的互相独立性，我们就不得不支持某种身心二元论吗？这倒不必。"可以说，绝大部分处理方式都有一个默认的预设，即第一人称视角和第三人称视角总是已经被分开的了。但是，"由于第一和第三人称视界的区分是偶然加之于我们的感知框架的，如果我们能从一个逻辑上先于感知经验的优越视角开始理解，或许能够解释之后的一切东西。倘若一个理论的空间和时间概念不依赖于特定的感知框架但能够逻辑一致地解释我们所感知的空间和时间，则这一理论将比在第一和第三人称视界进行区分更高一筹。"

但这样一种对前视角区分的世界做出论断的理论也就脱离了任何空间经验。"即使这一理论能够解释所有被观察的对象，此理论中的概念将不指称任何可观察的物体。如果我们将这些理论概念直接应用于任何依赖感知的物体，我们将陷入悖论。但是这种超感知的理论可能吗？"而"量子力学正是这样一种理论"。

我们在第三章第二节中已经提到，经典力学与量子力学是完全不同的两套物理学框架；而对意识经验的充分解释又会超出经典力学框架的范围。这不仅让人去猜想，既然量子力学框架与意识经验可以相容，那么前者或许可以作为后者在物理学上的解释。但由于量子现象超出了我们可经验的范围，而经典力学现象却直观得多，所以经典力学解释似乎会比量子力学更接近常识。如果经典力学确实可以充分地解释意识，那么经典力学的解释就会比量子力学的更强。物理主义者正是出于这个考虑，并且相信经典力学框架在意识研究上是完备的，所以才对量子力学并不在意。但如果经典力学框架在原则上与意识的基本特征不相容，那么固守经典力学框架，甚至以取消第一人称视角独立地位的方式统一两个视角，就实属削足适履了。与之相比，如果量子力学理论内在地容纳了一种前视角分离态度——不需要预设视角的分离，且能最终成功解释意识，那么就此而言，量子力学解释的前提就更弱，而结论就更强了。

"正如彭罗斯和斯塔普所指出，量子力学恰恰可以作为解释意识的可能选择框架，因为它不再假定经典的空时序列概念。整一性或整体性内在于此理论本身的数学结构中，并因此不依赖于观察者特定的感知框架。根据量子力学理论，根本就不存在事件自行发生所在的单独孤立的空时点。"❶这样一种理论结构正好与前视角区分相契合。"众所周知，在量子力学中，薛定谔所表述的波函数要求观察行为是说明被观察事件的不可分割因素。在这里没有任何整一性投射是可能的，因为任何投射都要求在先的分离。这里，没有引入原初的分离，表面波函数是在第一人称和第三人称视界间的区别还未产生的层次上运行的。这就是为什么任何以经典的空间位置性概念和以（依赖于感觉的）常识为基础的对量子相关现象的描述，必然会导致像 EPR 效应和薛定谔的猫悖论的原因"所以看起来极为直观的常识因为视角分离带来了某种内在的矛盾性，使得这种常识性观念必须被重新考察。

"有了这样一个量子力学出发点，我们就有希望对直接根植于宇宙原始整一性的意识进行全面的理解，而在空间中被观察的充满各种分离物体的自然世界，只是此终极整一性的一个感知版本。这里，解释的逻辑完全翻过来了。心灵不再是被观察到的物体的'属性'或'功能'。相反，宇宙的

---

❶ 翟振明. 有无之间：虚拟实在的哲学探险 [M]. 北京：北京大学出版社，2007：104.

终极整一性首先通过人的自我意识显示自身，然后在因果秩序下通过空间化和个体化将自身客体化。"❶ 虽然这样一种图景已是不符合我们的常识感，但鉴于是用数学方法推知了其"实在"地位，而不会是一种柏拉图式的实在论（因为后者只是从"概念"来的），所以这不会导致矛盾的出路。而无法消除的悖论总是任何理论的致命伤，无论这种理论看起来多么直观或多么有用——而经典力学正是这样的理论，所以量子力学下的图景是暂时无法被否认的对意识和世界给予统一理解的一种物理。

在此，我们并无意将话题转到针对意识、量子力学或更广范围的哲学讨论上去。我们引入对用量子力学解释意识可行性的考察，还是为了确定博斯特罗姆的模拟论证中，模拟活动本身的可行性问题。

如果前面论述的基本结论是成立的，那么就意味着随着计算主义预设的被否定，博斯特罗姆所构想的通过计算能力的不断提高最终实现对人的模拟再现的构想在原则上是不可能的。只要"计算机"仍是我们现在所理解的图灵机模式——由一个个分离的运算步骤组成，就至少不可能产生向我们这样的有意识者。

而丹顿的建议，即用瓮中脑式的硬模拟来替代博斯特罗姆的软模拟，以谋取更弱的前提，获得更大的可行性——也在原则上被否定。瓮中脑有两种：一种是从已经有意识者那里取大脑装到瓮里；另一种是根据我们对人脑物理结构的理解用物质材料独立地装配出大脑。即使第一种瓮中脑是技术可能的，但第一种瓮中脑已经不能支持模拟论证，因为其大脑的来源总是需要已然"有意识者"，而模拟论证必须依赖于有能力大规模地产生出新的"有意识者"，才有可能证明我们极可能是被模拟出来的。第二种瓮中脑可以支持模拟论证。但如果整个 FUP 反驳是有效的，那么基于经典力学框架的瓮中脑就不能是有意识的。即使能够复制大脑的所有经典力学特征，物理主义的本体论与我们意识实际上的本体基础的差异导致这个"新脑"仍不同于我们的"大脑"（意识）。而如果量子力学确实可能对意识做出一种充分的解释，那么基于量子力学上发展起的技术或许可以实现博斯特罗姆的设想。为了能让博斯特罗姆的模拟论证仍有继续讨论的余地，就让我们在这里留下在科学能力范围内制造出真正有意识者来的余地。总之，即使博斯特罗姆主张的计算主义预设以及丹顿的物理主义建议都不能支持模拟论证，但我们依然可以合理地设想，量子技术有希望大规模地制造出像

---

❶ 翟振明. 有无之间:虚拟实在的哲学探险 [M]. 北京:北京大学出版社,2007:104.

我们一样的有意识者来。所以，即使不依赖于计算主义假设，模拟论证也依然可以有效。即命题5的基础不能基于"计算主义假设"之上，否则将造成模拟假设不可能为真。

需要注意的是，本章所涉及的计算主义是"狭义的计算主义"❶，特指一种把意识理解为符号计算的意识理论；与之对应的是更广义的计算主义，即把宇宙、生命的本质看作"可计算性"的理论主张。虽然这两者有着内在联系，但仍是可以被区分开的。

总的来说，本书第三章论证的是，基于经典力学框架的意识理论是在原则上无法成功的，而基于量子力学原理的意识理论有可能成功。这是因为经典力学框架的基本原则"定域原则"已经先天排除了从框架内部得到意识整一性的可能。而现有计算主义尝试所默认基于的经典计算机的存储和运算方式可以等价于经典力学框架，这决定了其在原则上也无法解释意识的整一性特征。因此，只要一种计算主义的解释模型仍然依赖于经典计算机，那么前面的反驳就对它同样有效。而现有的主流计算主义认为由经典计算机架构出发来理解和解释意识是理所应当的，所以本章涉及的反驳对他们都有效。

但量子计算机的数据存储和计算都基于量子相干叠加和纠缠原理，能够进行真正的"并行"计算，这在原则上为解释意识整一性特征提供了理论空间。所以如果有一天我们能够基于量子计算机的工作原理提出一种计算主义主张，那么本书在此并不否认这样一种计算主义获得成功的可能。

---

❶ 有学者指出，"当代计算主义不仅与量子力学相容，而且已成为诠释量子力学的一种哲学。"

第四章

尊严论证

博斯特罗姆和丹顿都曾提到模拟活动可能带来的伦理问题。如果模拟活动确实会带来严重的伦理问题，因此后人类会采取措施阻止模拟活动，那么模拟人的数量会受到很大限制，模拟假设就会失去实质可能性，模拟论证也就丧失了期待的价值。但他们认为并不会出现这些情况，即模拟活动并不会因为伦理问题而受到后人类的禁止。

在《论克隆人的尊严问题》❶一文中，两位作者借助康德式框架，论证了克隆人的尊严是如何被先天贬损的。在本章中，我们将借助这篇文章的论证结构——但会诉诸一个更弱的初始前提——证明，即使博斯特罗姆和丹顿所设想的模拟技术是可能的，其应用也将带来严重的伦理问题，因此后人类有理由对这种模拟活动予以禁止并采取措施杜绝这项活动。如果制止措施能够大幅度地减少模拟人的数量，那么模拟假设成为现实的可能性将被大大削弱。

第一节　反克隆人论证

首先，让我们回顾一下《论克隆人的尊严问题》这篇论文是如何论证克隆人的尊严被先天贬损的，其论证可被梳理为如下结构：

1. 克隆人的产生过程是被其制造者完全决定的了。

2. 克隆人的制造者与克隆人都是自由意志主体或潜在的自由意志主体。

3. 一个自由意志主体被另一个自由意志主体的完全决定会破坏两者间的对等性。

4. 所以，克隆人制造者生产克隆人的行为打破了两者间的对等性。

5. 有对等性的双方才能保持各自的尊严。

6. 所以，生产克隆人的行为会损害克隆人的尊严。

前提 1 是个经验事实。"克隆"技术的本意就蕴含着"克隆人是按照人为预先挑选好的基因、以技术工程的方式设计生产出来的"❷。"克隆人过程"首先意味着具体遗传信息的选定完全在人为控制下完成；而移植了特定体细胞核的卵细胞发生分裂并产生胚胎，乃至植入并发育成胎儿和诞生等其他步骤也是"处处都被人工操控"。这与理想的自然生育——遗传信息是被

❶ 翟振明,刘慧. 论克隆人的尊严问题 [J]. 哲学研究,2007(11).

❷ 同❶.

自然律而非另一个自由意志主体选定——有着本质的差异。

按照康德对"自由意志"的经典理解，人具有"摆脱了整个自然的机械作用的自由和独立"，从而区别于自然中的万物。虽然未必所有人都会接受这种理解，甚至自由意志本身的本体论地位还面临着争论，然而，我们在此不一定需要对自由意志的本体论地位展开争论。即使自由意志只存在于"表面上"，但一个无法否认的经验事实是，我们认为表现为自由意志主体的人与表现为被自然律决定的其他事物之间毕竟存在着不可忽视的差别，否认这个差异将导致最基本的人类生活的崩溃。因此，无论自由意志有什么样的本体论地位，都无碍于我们将"自由意志"一并赋予克隆人的制造者和克隆人，并将他们与总是处于完全被决定状态的"物"区分开来。重要的是，自然生育的人和克隆人并不会因为生殖方式的不同而在他们作为"自由意志主体"的资格上产生差别，他们都可以被称为"自由意志主体"——只要这个概念还确有所指的话。

另一个事实是，我们认为"自由意志主体"之间是相互对等的。这种对等性体现为任何一个自由意志主体在原则上不能决定、控制或主宰另一个自由意志主体。这也正是人类道德生活得以可能的基础。而"自由意志主体"与被我们称为"物"的东西之间本来就不存在这种对等性，所以二者之间的决定或主宰关系本身与道德无关。因为"自然人的基因组成由自然因果导致，遵循某种概率；在自然人的自由意志形成的整个过程中，没有一个先在的自由意志作为他的主宰""没有人的自由意志介入来决定男女双方的行为是否导致、导致后又将会生育成一个具有什么样的遗传特征的孩子"[1]。所以典型的自然生育过程本身不会带来伦理问题。

而在生育性克隆过程中，"克隆策划者和基因供应者……之所以决定采用克隆技术，必然以某种目的[2]的实现作为决定克隆人基因组合的依据，于是他们就不可避免地在克隆人出生前，把自己的自由意志强加在克隆人的自由意志之上，从而破坏了克隆人作为自由意志主体的原初地位"，即"生育性克隆则是一个人工全面干预的过程，其中一个潜在的自由意志主体（克隆人）的个性特征从一开始就被其他自由意志主体所掌控"和完全决定，且不可能有摆脱这种控制的任何选择机会。这使"克隆人的自由意志与决定他的基因组成的先在的一个或多个人的自由意志之间，从一开始就没有对等性：克隆人被置于一个从属、次等的地位"而"决定此基因组成的他人的自由意

---

[1] 翟振明,刘慧.论克隆人的尊严问题 [J]. 哲学研究,2007(11):99.

[2] 复制基因提供者的基因性状。

志就凌驾于被克隆出来的人的自由意志之上"❶。所以，克隆人制造者生产克隆人的行为以打破两个自由意志主体间的对等性为必然代价。

如果我们还可以有意义地使用"尊严"这个概念的话，那么"人的尊严的内容是什么？我们认为，一个拥有尊严的人一定是应该被人敬重的，这里的敬重必然发生在两个对等的个体之间……人的尊严就在于这种作为自由意志主体的对等性，任何人对这种对等性的侵犯都是对人的尊严的侵犯。于是，要具有尊严，就必须实现这种对等性……我们在康德道义论框架中得出了尊严概念的关键，即尊严是拥有自由意志的主体不被别的拥有自由意志的主体所主宰；一个人的自由意志凌驾于另一个人的自由意志之上，就侵犯了另一个人的尊严。"其实，对"尊严"的这种理解不只是康德哲学体系所蕴含的结论，也是尊严概念的常识内涵。也就是说，即使一个人不接受康德哲学体系，作为一个常识，他也很难拒绝对"尊严"的如此理解：尊严的享有在于，被认为是自由意志主体的人格之间对等性的保持；而尊严的损害在于对这种对等性的打破。否则，他就承担着与人类道德生活相背离的风险。

因此，对人的生育性克隆过程不可避免地要打破自由意志主体间的对等性，那么，"不管克隆人出生后的实际生活状况如何，他的尊严早已先天地被贬损"。这也正是对我们具有的"应当禁止克隆人"直觉的哲学解释。

第二节　模拟行为贬损了模拟人的尊严

我们发现，这个论证框架也适用于对"祖先模拟"行为做出评判。只需要把"克隆"替换为博斯特罗姆所说的"模拟"，那么就生成了一个针对模拟行为的论证，从而得到"祖先模拟行为会损害模拟人的尊严"的结论。而且这种损害相对于对克隆人尊严的损害有过之而无不及。

在生育性克隆过程中，克隆人必然被另一个自由意志主体决定（作为其他自由意志主体实现其目的的纯粹手段）的环节仅在于对特定基因的选取。在这个环节之外，克隆人的意志则可以摆脱制造者的主宰，而由其自身或自然决定。翟振明和刘慧在文中甚至建议克隆人在后天可以通过故意

---

❶ 翟振明，刘慧．论克隆人的尊严问题 [J]．哲学研究，2007(11)：99.

违背制造者的意愿而部分挽回自己的尊严。

而在模拟活动中，模拟人的一举一动都是模拟者所编制程序运行的结果，因此绝没有摆脱模拟者意志的可能。对于后人类——最早的模拟者❶来说，他们没有被任何其他自由意志主体所决定，因而他们与单纯的物之间保持着差别。而对于任何模拟人，他们都完全被其他自由意志主体所决定并因此完全被"物化"，处于纯粹的物的地位——即使他们认为自己是自由的。因此，模拟人与模拟者之间先天就不是对等的意志，而是前者从属和次等于后者。

如果这种不对等性来自后人类与模拟人之间的实质不同——后人类拥有真正的自由意志，而模拟人只有表面上的自由意志，那么将与计算主义的基本预设发生冲突，以致计算主义不足以支持模拟论证。因为按计算主义，只要结构相同，就将产生同样的心智和意识现象。在这种理解下，我们很难理解为什么单单碳基的生物人才会伴随一种"真正的自由意志"。如果将计算主义假设坚持到底，那么模拟者与模拟人就有了相同种类的主观感觉，即二者都只是具有表面上的自由意志。失去了这种表面上的自由意志，我们的道德生活就会面目全非；连这种表面上的自由意志也要否认的道德理论将难以令人信服地解释最平常的道德事实。所以，这种不对等性就来自一个自由意志主体对另一个自由意志主体的主宰。即使我们不诉诸整个康德哲学体系，康德伦理学的一个基本结论却是被广为接受的：人是目的，而不能被仅当作手段。从现时道德生活中我们也可以总结得到一个基本规律——打破自由意志主体间的对等性意味着尊严的损害。

博斯特罗姆曾暗示，由于模拟者对模拟人的决定关系，所以他们之间本来就没有对等性，所以"模拟者实际上扮演着模拟人的上帝的角色"。可见，博斯特罗姆并不拒绝承认两者事实上是不对等性的，但他并不认为这种不对等性有什么问题。然而，一方面，如果"模拟活动"是成功的，那么对模拟者具有表面上自由意志的任何说明和描述，也同样适用于模拟人，在这个意义上我们说这是对等的两个自由意志主体。另一方面，我们也并没有什么理由为破坏这种对等性做出合理辩护。因果上的决定关系并不导致因果序列中在先的自由意志主体优于在后的。最明显的例子莫过于：父母与子女；但作为自由意志主体，两者又是完全对等的。因此，模拟者因果上决定了模拟人并不能使前者天然优于后者。而因载体的不同导致的意

---

❶ 因为模拟人也可以进行模拟活动并成为模拟者，所以他们与那些完全由自然进化而来的、本身非模拟的模拟者，即"最早的模拟者"，可以区分开来。

识差异正是博斯特罗姆在一开始就试图否认的。

"两个自由意志主体对等"当然不是一个事实描述，而是基于实践理性的一个规范性要求。既然对等关系是一种应然状态，且对此对等性的打破又是无法得到辩护的，那么我们就应该避免和禁止这种打破。而模拟者对模拟人的完全控制先天不可能实现这种对等性，所以必然对后者的尊严造成贬损。因此，模拟行为会像克隆人行为一样在道德上被否定。

至此，我们可以将整个"道德论证"的基本结构整理如下。

1. 现时道德生活的可能当且仅当存在着"表面上的自由意志"，即"第一人称下的自由意志"。

2. 根据经验事实与计算主义假设，无论是模拟者还是模拟人都拥有这种表面上的自由意志，他们都是日常所说的"自由意志主体"。

3. 自由意志主体之间——模拟者之间、模拟人之间、模拟者与模拟人之间——存在着对等性。

4. 道德经验事实显示，打破自由意志主体间的对等性导致尊严的贬损，因而是不道德的。

5. 模拟活动破坏了这种对等性。

6. 所以，模拟活动是不道德的。

第三节　反驳与回应

博斯特罗姆和丹顿曾设想和提及了若干对模拟论证基于伦理考虑的反对意见，并一一予以了回应。如果"道德论证"是有效的，那么其至少不能被他们的这些回应意见所反驳。因此，我们有必要考察一下他们的回应意见，并可以对之予以再次反驳。

博斯特罗姆曾暗示地指出一个事实，即我们现在并不认为发展人工智能的努力会带来什么道德风险，更没有出于伦理考虑而禁止这一点，因此，"我们无法从很多现在的人们正试图建造矩阵这个事实推出这同样的事情在超级发达的确实有能力这么做的后人类那里会被禁止"。❶ 我们从未想到过人工智能的进步可能给计算机本身带来什么伦理问题，而且也看不到什么理

---

❶ Bostrom, N. Why Make a Matrix? And Why You Might Be In One, in More Matrix and Philosophy: Revolutions and Reloaded Decoded, ed. William Irwin, Open Court, (2005). p1.

由值得让我们担心这一点。作为日常人，我们在听说"模拟人"时似乎并不会像听到"克隆人"那样产生一种道德直觉上的紧张感。但是，如果仔细反思我们的这个直觉，会发现这其实是因为我们的另一项直觉——"模拟人并不是与我们对等的人"在起作用，因为日常人并不接受计算主义的理论预设。正因为我们认为现有能力造出的矩阵（matrix）根本不能与我们这样的主体与所处的世界相提并论，所以我们才并不阻止这么做，就像 50 年前我们不会产生禁止克隆人的紧迫感一样。但试想，如果你本人的所有行动——包括你做过的引以为豪与令自己羞耻的事情——都只是被另一个自由意志主体所决定，如果可以选择，你是否愿意被这样对待？如果你不愿意被这样对待，那你是否愿意或允许制造这样一个其中居民被这样对待的世界？如果不愿意，那么倘若计算机技术发展到当真能够制造出与我们对等的有意志者的时候，人们自然会像对待克隆人技术那样展开讨论并给出限制。

博斯特罗姆还想到了一个对模拟活动的道德顾虑，即这个世界上存在着各种各样的悲惨与丑恶，而如果如此系统的恶是由模拟者强加到模拟人头上的，那么这个模拟者一定是个邪恶的施虐狂。即使我们不必要求创造者是全善的，但重新创造出如此多的恶却足以让绝大多数模拟者放弃模拟活动。博斯特罗姆用电影《黑客帝国》中的人物史密斯特工的话对此作了回应："第一个矩阵被设计为一个完美的人类世界，在那里没有谁是痛苦的，在那里每个人都是快乐的。那是一个灾难。没有一个人会接受这样一个程序。所有的努力都化为泡影。有人相信我们缺乏程序语言去描述你的完美世界。但我相信，作为一个物种，人类通过悲惨与痛苦去定义他们的实在。完美世界是你的原始大脑总是想从中醒来的梦。"[1] 这似乎在暗示，痛苦是我们理解和定位自身时所必需的因素，因而这些恶是"我们的世界"的必要组成部分。

丹顿承认"由完全被控制和预先编程的孤独意识流组成的"虚拟生命是不可欲的，所以他设想有人会提出这样的指责："因为一个人给其他人施加一个他自己偏向于避免的更低层级的存在形式是错的，所以创造模拟生命是不道德的。"[2] 为了能够有效保留模拟行为的合理性余地，丹顿区分出多种模拟可能形态，譬如可以有一种"主动且公共的模拟"，即主张这种模拟

---

[1] Bostrom, N. Why Make a Matrix? And Why You Might Be In One, in More Matrix and Philosophy: Revolutions and Reloaded Decoded, ed. William Irwin, Open Court, (2005). p3.

[2] Dainton, Simulation Scenarios: Prospects and Consequences, (2002), p8.

活动所产生的"虚拟生命"并不总是被制造者完全决定的，而是可以有自己的意志，且与其他模拟人是交互的。丹顿认为，这样一来就不会让"真正的生命比一个在主观上相似的模拟生命有更多的内在价值"。

道德论证所要揭示的是：对等主体之间会比本来就不对等的主体之间施加痛苦的行为更难得到辩解；而且可以说，模拟行为承受的根本指责并不在于其是否制造了不必要的痛苦，不在于模拟者是否是邪恶的，以及模拟人是否一直完全被模拟者所控制和决定；即使痛苦是人类世界所不可摆脱的，即使我们有能力让模拟人感受不到任何痛苦，模拟活动依然是不道德的；如果说模拟生命比自然生命损失了什么内在价值，那么这个缺失——像克隆人尊严问题那样——就发生在创造行为发生之时。因为无论是克隆行为还是模拟行为，创造者都不以被创造者的存在本身为目的，否则他也根本不必诉诸这样两种途径；相反，创造者这么做一定是为了满足其个人目的：复制特定基因性状或实现科研、艺术、娱乐等目的。正是这种把被创造者完全当成手段的做法使得克隆和模拟行为必然导致了相关主体间的先天不对等。

但博斯特罗姆和丹顿都认为，存在本身的价值足以抵消这个过程中带来的伦理伤害。"从我们现有的观点看，创造一个人类种族不道德这并不明朗。相反，我们倾向于把我们种族的存在看作具有很大的伦理价值。"❶ "虽然矩阵他们创造的世界远不是完美的，但可以论证这比没有任何世界——所有人类灭亡——要好。"❷ "即使虚拟生命比他们非虚拟的对应者确实拥有更少的内在价值，而其他东西相同，那么他们仍可以是值得一活的生命，因此生命值得被创造。""可以想象，未来的模拟者会认为，尽管欺骗是错误的，但那种被施加于模拟人头上的欺骗，并不一定构成一个错误——足够严重以致超过了存在的恩惠。"❸ 按这种观点，"存在"似乎构成了一项超越任何伦理价值的内在价值。

当然，博斯特罗姆和丹顿可能会说，这些情形与模拟情形不一样，因为模拟人毕竟看起来没有被置入这些如此极端恶劣的情形里。这促使我们简单反思了一下为何"存在"在大多数情况下是值得追求的。请试想，其他方面保持不变，多"存在"与少"存在"一块石头的两个世界哪个更值

❶ Bostrom, N. Why Make a Matrix? And Why You Might Be In One, in More Matrix and Philosophy: Revolutions and Reloaded Decoded, ed. William Irwin, Open Court, (2005). p3.

❷ Bostrom, N. Why Make a Matrix? And Why You Might Be In One, in More Matrix and Philosophy: Revolutions and Reloaded Decoded, ed. William Irwin, Open Court, (2005). p4.

❸ Dainton, Simulation Scenarios: Prospects and Consequences, (2002), p8.

得我们追求？如果这块石头没什么特殊之处，我们会觉得这块石头的"存在"实在是无关紧要。那么多一棵和少一棵树的两个世界，多一只和少一只狗的两个世界呢？估计我们仍无法达成共识。如果博斯特罗姆和丹顿不反对这些常识，那么"人的存在"就一定比石头、树、狗的"存在"多了些什么，从而使得"人的"存在不单单是"存在"本身，才成了值得追求的东西。简单来说，"人"的存在比任何"物"的存在所多的东西就在于人具有做出自由选择（哪怕只是表面上的）的能力，和不被当成物来对待的资格——如果"人"和"物"尚可有所区分，那么其差别就只有或至少落实在这一点上。可以说，正是这种能力和资格的具备才使我们觉得人的存在具有内在价值。日常生活中，生命之所以会被我们看作具有内在价值，是因为在大多数情况下生命都是这种能力得到发挥、资格得到彰显的必要条件；但是当生命的存在与这种能力和资格相冲突时，人在纯生物学意义上的存在价值就会大大降低，甚至有可能变成纯粹的负价值。

博斯特罗姆和丹顿可以继续辩解："不值得继续存在"与"不值得开始存在"仍是两个概念，从"有些情况下，死会比生更有价值"，我们并不能就此得到"一定有某些情况，使得'不曾存在'比生更有价值"。设想站在克隆人或模拟人本人的角度，他很可能宁愿损失些尊严，也愿意存在于这个世界上，而不愿连存在的机会都没有。

但是，我们同样可以注意到，"他是否愿意尊严受损地继续存在"与"他是否愿意无尊严地诞生"也是两个问题。而我们能够向克隆人和模拟人问出的却只有第一个问题，他能够回答的也只有第一个问题。第二个问题既无法向他提出，他也不可能表态回答。这样，"是否让克隆人或模拟人诞生"的决定就只能由其他人做出。但是按前面已经提到的，只有为了满足制造者的特定目的，制造者才会选择以"克隆"或"模拟"的手段来创造一个自由意志主体。也就是说，在克隆和模拟行为中，除非制造者已经把被制造者当作了完全的手段，否则制造者就不会选择以克隆或模拟的手段使他存在。随之而来的问题就是：谁有权来做这件事情呢？如果被制造者有选择能力，那么他就不会愿意被别人完全决定——对此的否认将带来概念矛盾。如果另一个自由意志主体无权完全决定与之对等的一个自由意志，那么在他诞生之前，也就没有谁有权把他仅当作手段，或者有权"替他"做一个损害他尊严的选择。既然我们当中没有任何人有权这么做，那么我们就只能禁止这么做。

第四节　大规模的模拟活动不会发生

在前面三节中，我们借助《论克隆人的尊严问题》一文的基本论证框架，证明了模拟行为如果能够成功，那么将会对模拟人的尊严构成贬损，因而模拟行为应当像克隆人行为一样被禁止。《论克隆人的尊严问题》中论证的起点表现为康德哲学框架，特别是包括了对自由意志实在地位的确认。为了避开当代对自由意志实在性的争论，以及考虑到本书自身的论证需求，所以本书弱化了翟振明和刘慧的论证出发点，即悬搁对自由意志实在性的讨论，而仅诉诸对"表面上的自由意志"的确认，即我们总是认为自己拥有自由意志——这是一个极其平常的经验事实，而这种表面上的自由意志对于理解我们的道德生活和指导我们的具体行动具有至关重要的影响。另外，无论我们是否愿意接受康德哲学体系，其所得出的某些基本结论却早已深深扎根于现代生活之中，如人是有尊严的；人不能被仅仅作为手段置于另一个意志之下，否则就贬损了他的尊严……如果我们可以在这些基本前提上达成共识，且道德论证是有效的，那么模拟行为就被证明是不道德和应该被禁止的。

如果这个道德判断被确立起来，那么就意味着它将对我们的行动产生规范作用，基于其建立起来的具体道德规范和法律规定将对我们形成事实上的约束力。无论自由意志的形而上学地位如何，事实上我们依然总是按道德规范行事，所以我们会像立法禁止克隆人一样采取行动禁止模拟行为。而且我们似乎看不到有什么希望可以让物理主义者或计算主义者通过让日常人相信"他们和模拟人其实都没有自由意志"来改变这些道德规范。倘若禁止模拟人的公约或法律会被签署和颁布，那么大规模的模拟活动将难以成为可能，模拟假设成为现实的概率也就相应大大降低。

但此时博斯特罗姆和丹顿仍可以在两个必要环节上提出——事实上他们也确实想到了——这两个反驳：一是后人类的道德观念可能迥异于我们现在所具有的，因而我们认为应该被禁止的事情在后人类看来可能是道德允许的❶。二是被法律所禁止的东西事实上未必能被完全杜绝，现实中的各种犯罪就是例证。"将进行祖先模拟不道德的伦理观点聚合起来也仍是不够：这还必须与对整个文明范围社会结构联合起来，这个社会结构有能力

---

❶ Bostrom, N. Why Make a Matrix? And Why You Might Be In One, in More Matrix and Philosophy: Revolutions and Reloaded Decoded, ed. William Irwin, Open Court, (2005). p3.

让被认为不道德的活动得到有效禁止。"❶ 社会对非法行为的控制力在博斯特罗姆看来是非常可疑的。

按康德哲学框架来看，自由意志主体间的对等性和不容侵犯性扎根于理性存在者的实践理性之中。只要后人类依然是理性存在者，那么由此衍生出的道德判断就不会发生改变。倘若后人类甚至不再是理性存在者，那么我们不知道在多大程度上还能够将之称为"人类"。退一步讲，即使不诉诸康德框架，让人很难否认的一点是："自由意志主体间的对等性和不容侵犯性"并不是一条普通道德规范，而是任何道德辩护的基础和出发点。如果作为道德内核的根本原则被颠覆，那么所带来的后果将不是"道德规范的变迁"，而是"道德的彻底消失"。

如果对古今中外所有号称"道德"的规范性信条做一个历史统计，我们当然地会发现，哪怕在同一个地域中，不同时代的"道德"也会表现为不同的形态。但对这些变化我们不能一概而论。其中，有些仅是习俗的变迁，像某些礼节要求的改变，基于约定、加入约定或重新约定。有的则不是这种中性的变化：许多在过去被认为属于道德范畴的规范被证明其实是不合理的束缚，破除这些束缚被我们认为是有益的；也有些新的信条被添加到我们的道德表中，添加这些限制被我们认为是必要的。譬如近一百年来针对种族、性别的道德观念就实现了一种近乎翻转的变化，这种改变与之前作为习俗的变化的不同之处在于其并不来自重新约定达成的合意，也不依靠（哪怕是共同的）主观意愿的推动，而是有确定的特定方向。放到历史中看，后面两种变化主要发生在进入现代之后。如果姑且不诉诸康德式的理性概念——是理性维持并约束着这个方向，而仅做一种经验的回顾，我们也可以将这个方向归纳为指向"自由意志主体间的对等性和不容侵犯性"，而且这个方向在实践中还得到了越来越明晰的体现。如果道德观念的变化完全是随意和盲目的，那么博斯特罗姆所设想的可能情况——后人类会允许模拟或克隆，就有实质的可能性。但如果我们有理由相信，现代以来道德观念变迁表现出一种明确的方向性，且这个方向不像约定的"道德"那样会随着主观意愿的变化而变化，那么一个摆脱这个方向的后人类世界对于我们来说就是不可想象的。

但即使后人类会禁止模拟活动，他们又有多大把握来保证做到这一点呢？这是个经验问题，我们只能根据现有经验来估计后人类避免大规模人

---

❶ Bostrom, N. Why Make a Matrix? And Why You Might Be In One, in More Matrix and Philosophy: Revolutions and Reloaded Decoded, ed. William Irwin, Open Court, (2005). p4.

道主义灾难的能力。我们身边的现实是：各种犯罪依然没有被杜绝人为导致的灾难也时有发生；毁灭性技术越来越强大，单从技术上来说制造人道主义灾难越来越容易……但是，从更宏观的角度看，大规模人道灾难呈现被制止而不是被放纵的趋势。科技增长在带来更高风险的同时似乎还是更有利于我们减少大规模的人为灾难。如果我们相信人类会越来越有能力掌控自己的命运，那么我们就不太会相信科技极为发达的后人类社会会陷入一种管理失控的状态。

退一步说，即使后人类社会彻底不能制止模拟活动，但社会范围的管控会大幅度地限制模拟活动的规模。回到第一节梳理出的论证来看，道德论证的成功会大大动摇前提 3 的可信性，即使这仍然保存了模拟假设为真的逻辑可能性，但也会大大降低其为真的概率。我们需要注意到，模拟论证能够产生超出怀疑论论证冲击力度的效果，正在于模拟假设得到了经验证据的支持而具有实质可能性。但如果经验证据已经不能产生有意义的支持力度而只能为之保留一种逻辑可能性，那么这就让模拟论证失去了我们所期待的价值。

第五章
"模拟"概念的语义分析

本章所针对的不是模拟论证本身是否有效可靠的问题，而是在第一节给出了两个外部批评：一是模拟论证中的计算主义预设其实并不符合提出者本人的语言直观；二是模拟论证并不像初看起来那么有价值，在仅从计算主义本身就能取得同样结论的情况下有了"多余"之嫌。在对"模拟"的使用机制展开进一步分析之后，第二节指出：博斯特罗姆对"模拟"的使用不仅违反了日常使用方式，还会导致概念上的矛盾。然后我们探求了导致他如此误用的原因，并确认：对"人"谈不上"模拟"，能被模拟的只有"世界"。但如果放弃计算主义，使得在模拟论证中对世界的模拟也不可能，那么为了保留模拟论证式论证在哲学上的价值，我们就需要对模拟论证的前提做出调整，转向另一种模拟方式。于是，我们引入了虚拟现实（virtual reality，VR）概念。在第三节，我们将虚拟现实与通常谈及的几种"虚拟世界"进行区分，并说明虚拟现实的基本技术结构。由此我们能够看到，对于构建模拟论证式论证，采用 VR 式模拟会在哪些方面优于计算主义式模拟。

第一节　博斯特罗姆误用了"模拟"概念

在本书中，我们跟随博斯特罗姆，频繁地使用"模拟"概念，我们和他似乎都很清楚该如何理解和使用这个概念。但在这一小节中我们将看到，就"模拟"概念日常和原本的意义而言，博斯特罗姆其实一直误用着这个概念——他对"模拟"的使用方式已经偏离了由这个概念的日常用法塑造的语言直观，或者说，用"模拟论证"称呼博斯特罗姆实际给出的论证是不协调的。如果我们在这里的语言直观是可靠的，我们就有理由推断，这种不协调正是由计算主义与我们的日常直觉相悖引起的。而如果在保留模拟论证的论证结构和结论不变的情况下做出补救调整，博斯特罗姆就需要放弃"模拟人"的称呼，而用"仿制人"替代。但是，虽然这样可以回避这个批评，却暴露了计算主义在模拟论证取得之前被认为是其独立取得的冲击力的过程中实际起到的作用；明确了这一点后，"仿制论证"就不像模拟论证初看起来那样有独立的哲学价值了。

在日常的使用中，"模拟"泛指参照既有某物进行一种操作，使由之产生的"模拟物"与"被模拟物"之间形成这样一种关系：二者在某个方面具有一致性，即给我们带来表面上相同的特定经验，譬如两者具有相同的功能或达到相同的效果；但在这个一致的方面之外，二者又有着本质不同，它们之间存在的本体论差异对于我们是明显的，以至于让我们习惯将"被模拟物"称为"真正的"，譬如"模拟炒股"并不带来实际盈亏，"模拟飞行"无须担心酿成飞行事故，"模拟高考"并不会决定录取情况。

如果这确是对"模拟"日常使用方式的刻画，那么博斯特罗姆将运行计算机程序所产生的人（简称为"程序人"）称为"模拟人"的做法是否与之符合呢？按他的设想，计算机运行特定的程序会产生与我们的意识经验相同的表面经验，这似乎应该是模拟人与自然人之间一致的地方。而他们的不同点初看起来在于模拟人的载体是计算机硬件，而自然人的载体是大脑，这或许就是我们直观上认为"程序人"是"模拟人"而不是"真正的人"的区分因素。

但我们可以发现，载体种类的差异并不足以将"自然人"与"程序人"区分为"真正的"和"模拟的"。按模拟论证设想的情境，任何一个程序人的物理载体最终都会落实到"底层（the bottom of）物理世界"中的计算机硬件上。既然自然人大脑与计算机硬件同为物理世界的组成部分，且两者都具有足以产生主观经验的特定结构，那么从这两个完全对等的方面出发我们就不能将其中一个称为"真正的"，而将另一个称为"模拟的"。由此看来，如果自然人与程序人之间确实存在着本质区别，那么这个差异只能在载体种类因素之外寻找。

另一个候选理由或许是：程序人眼中的物理世界只是运行程序所制造出来的"幻觉"，这个世界与底层物理世界并不是同一个。但是，自然人"身处的世界"与他"眼中的世界"就是同一个吗？按计算主义的世界图景，自然人"眼中的世界"——关于世界的主观经验被其大脑的符号结构所决定，大脑的符号结构受到物理世界因果作用的影响会发生改变，从而造成人的主观经验的变化——也并非底层物理世界，而是由主观经验所投射出的；这个"底层物理世界"对于自然人来说也是"不可见"的，因为它总会超出主观经验之外。既然自然人与程序人实际都"身处"底层物理世界，而他们眼中的世界又都是由各自的计算结构产生的投射物，那么，"他们眼中的世界"这个因素依然无法将他们区分开。或许还会有人主张：自然人眼中的世界毕竟比程序人眼中的世界更"接近"底层物理世界，因此，可以说程序人眼中的世界"模拟"了自然人眼中的世界。可是，一方面很难说"模拟世界"就是"更远离底层物理世界的世界"，另一方面更难讲

"模拟人"就是"眼中的世界是模拟世界的人"。这与其说澄清了"模拟人"和"模拟世界",不如说使它们更加模糊。甚至,我们在第三小节将会看到"模拟世界"只有对"非模拟人"来说才是有意义的。

自然人与程序人之间存在一个先天区别:程序人总是由其之外的人仿照自然人的某些特征创造出来,而自然进化来的人只可能作为这种活动的主动发出者。这造成他们之间在产生顺序、支配关系、产生机制三方面具有无可回避的差异。这些差异的确无可否认,但它们与"模拟物"与"被模拟物"之间的差异并不属于同一类。产生时间在后者并不一定是在前者的"模拟"产物,如现代人当然不算古代人的"模拟物",子女也不是父母的"模拟物"。支配与被支配的关系同样与"真正—模拟"关系无关,我们既不会说奴隶"模拟"了奴隶主,也不会说克隆人"模拟"了普通人。自然人—程序人之间的差异最接近于被模拟物—模拟物之间差异的是:自然人由自然进化而来;而程序人是仿照前者某些特征,人为制造出来的产物。

但是,对于这样一种差别,我们已经有了更恰切的一对概念去描述——"原型—仿制",而这对概念与"真正(原本)—模拟"所刻画的关系是可以明确区分开的,两组概念分别描述了两种不同的关系。简单说,"仿制"做到极致是对"原型"的复制和再造,而"模拟"行为无论如何也不能使"模拟物"跨越其与"真正的物"之间的鸿沟。譬如,人造器官作为对自然器官的"仿制"品,在理论上完全可以达到与自然器官"一模一样",但无论从哪个角度和程度上去理解,人造器官也称不上对自然器官的"模拟"物;反之,对天气变化的一次计算机"模拟"无论如何也说不上是"仿制"了天气变化本身。所以,"自然—人工"的差别依然不是让程序人被称为"模拟人"的关键因素。

如果有人宁愿坚持:与程序人相关的一切就是"虚假"的,所以程序人就是"模拟"的,那么,前面的问题就换了种方式继续存在。如果自然人在各个相关方面都对等于程序人,而程序人被认定为"虚假"的,那么我们也就同样找不到让自然人被称为"真正的人"的理由。也就是说,我们不得不把自然人也称为"模拟人",如此一来,我们就压根找不到任何"真正的人"来进行"模拟"活动了。柏拉图式理型论者或许会对这样的推论感到兴奋,但如此理解"真正—模拟"已经完全脱离了博斯特罗姆给出的模拟论证的语境。

如果确如前面的论述所揭示的,使程序人被合理称为"模拟人"的因素并不存在,那么博斯特罗姆用"模拟论证"称呼他实际给出的论证就是一种不协调的做法。按博斯特罗姆的论证初衷，所谓的"模拟活动"所产生的程序人实际上是对自然人的"仿制"。所以，他有必要放弃他的论证初衷或对"模拟"的使用中的一个，以协调他的实际主张与所使用的概念之间的紧张关系。

一个微妙的事实是，博斯特罗姆看起来是"顺口"使用了"模拟"概念，而我们的语言直觉似乎也很自然地默许了"模拟论证"这个称呼。如果我们的语言直观并非随意并且是值得重视的，那么我们把程序人"误称"为模拟人就暗示着：在我们和博斯特罗姆的直觉里，程序人并非"真正的人"。

沿着他的思路展开分析，"程序人是真正的人"，当且仅当以下三方面都能得到确认：一是按计算主义预设，程序人拥有与自然人相同的意识经验；二是程序人与自然人在"载体"等其他方面都是对等的；三是两者间的唯一实质区别是"自然进化—人造"，而且这个区分不足以排除程序人作为"真正的人"的资格。

如果以上每个方面最终都能与我们的直觉相符合，那么我们就会拥有"程序人是真正的人"的直觉。但我们的直觉却认为"程序人不是真正的人"，那这三方面中就至少有一个与我们的直觉相冲突。如果第二、第三条所主张的观点最终可以与我们的直觉对接起来，那么我们就可以合理推断第一个方面是直觉冲突的根源。也就是说，博斯特罗姆的论证初衷与"模拟论证"称呼不相协调的根源很可能在于计算主义预设并不符合他自己的语言直观，以致他使用了一个与计算主义所蕴含的结论不协调的名称命名这个基于计算主义的论证。而如果计算主义预设不成立，即计算程序的运行最终只能产生自然人的某些特征而不能产生意识经验——如计算机单机游戏中的各种人摹形象，我们会发现把它们称为"模拟人"正贴合于我们的语言直觉。

在这里，我们并不试图通过语言学考察指出博斯特罗姆对概念的误用来反驳模拟论证以及计算主义预设，概念误用并不会对模拟论证的力度造成决定性影响。博斯特罗姆完全可以承认这就是个口误，继而用"仿制"替换掉所有的"模拟"概念，这既回避了概念误用的批评又不影响计算主义预设和论证的基本结论。对于他来说这似乎也是最经济的修改方案。但是，无论博斯特罗姆做出怎样的调整，"误用"的发生都暗示了那个微妙的事实：如果有某种常识直觉促使他使用了"模拟"这个词，那么计算主义预设与模拟论证提出者本人的语言直观之间就存在着张力。

在第一章我们曾提到，如果模拟假设是有实质可能性的，那么从模拟论证引出的推论就会冲击我们的既有信念并引发对经典问题的再讨论。如果博斯特罗姆选择保留计算主义预设而将"模拟人"替换为"仿制人"，以协调"模拟"概念与计算主义预设之间的紧张关系，那么他马上就会面临另一个问题：如此的"仿制论证"是否还具有与"模拟论证"同样的冲击力度？

对程序人称呼"模拟人"暗示着其与自然人之间的迥异性——如果我们默认自然人是"真正的人"，那么程序人就不是。所以当模拟论证得到"我们极可能就是程序人"的结论时，就相应暗示着"我们自己其实不是真正的人"，由此带来了强烈的直觉冲击。如果模拟论证的冲击力是依靠"模拟"字面义的暗示乃至误导作用获得的，那么当我们承认程序人实际上是对自然人的"仿制"，并将文中的"模拟人"替换为"仿制人"之后，这种冲击力就会消失。

但我们会发现，概念的修正似乎并没有影响模拟论证的实质冲击力。即使模拟论证不依靠"我们是模拟人"的字面义来暗示"我们不是真正的人"，而是承认自然人与程序人本体对等性，"我们是程序人"也同样会带来对常识的颠覆。如果整个时空中存在着大量的仿制程序人，那么"仿制论证"仍可以得到这些结论：拥有意识经验的我们竟然极可能就是这样的计算机程序；我们眼中的世界并不是底层物理世界，而只是经验的投射物；我们实际上很可能是被人工设计和运行的计算机硬件——而我们以为自己是自然进化来的碳基生物。

但是，既然"仿制论证"完全保留了计算主义预设，那么由这个反直觉的前提到反直觉的结论便是不足为奇的。将"模拟"更正为"仿制"促使我们发现：仿制论证的这些哲学意义与其说来自其本身，不如说来自它的重要前提——计算主义假设。如果计算主义成立，那么"我们的意识经验来自计算结构的符合运算"——无论这些程序是运行在碳基计算机还是硅基计算机之上——就无须论证。如果计算主义成立，无论是对于自然人还是程序人，其眼中的世界自然就都不会是底层物理世界，而是意识经验的投射物。这样一来，被当作模拟论证结论的这两个论断，就并不是通过这个论证才得到的，而是计算主义的自然推论，在此进行模拟论证就是多余的。模拟论证所能提供的独立价值仅在于这样一个结论：我们以为我们是自然进化来的碳基生物，实际上很可能是被人工设计和运行的计算机硬件。考虑到计算主义蕴含着自然人与程序人的本体对等性，这个结论在哲学上便是琐碎的。譬如，如果有一天我得知我的身体的某些部分在我尚无意识时被悄悄替换成了人造替代品，我当然会对此感到吃惊，却并不会因此改变我的哲学观点。当模拟论证本身的价值被缩小到这个范围时，它似乎就不应再被认为是一个哲学论证。这就构成了对它的第二个外部批评：如果模拟论证的冲击力度仅从计算主义预设出发就完全可以得到，那么这个论证本身的哲学价值就大大减少了，成了一个哲学上多余的论证。

第二节　只有世界能被模拟

在上一节我们描述了"模拟"的日常使用方式并以此揭示了博斯特罗姆对这个概念的误用。这一节我们将以"模拟人"概念为切入口，对"模拟"的使用机制展开进一步分析，从而指出博斯特罗姆对"模拟"的使用不仅违反了日常使用方式，还会导致概念上的矛盾。然后，我们将探求导致他如此误用的原因，并确认：能够被模拟的东西只有"世界"。而如果放弃计算主义使得在模拟论证中对世界的模拟也不可能了，那么为了保留模拟论证式论证在哲学上的价值，我们就需要对模拟论证的前提做出调整，转向另一种模拟方式。

人们处于某个情景中或接受某种刺激时会产生特定的经验；"模拟"即针对这些经验，通过布置另一个情景或另一个刺激源，使人们可以由此产生与前面的特定经验无法区分的经验。就此我们可以得到任何"模拟"成立所需的两个必要条件：一方面，模拟物与被模拟物给主体造成的特定表面经验是相同的；另一方面，引发两次经验的刺激源又必须是本体不同的两类东西。再拿"模拟飞行"举例来说："模拟飞行"要成为可能，一方面需要模拟设施能向训练者提供与真实飞行器相同的操作体验；另一方面，飞行器与模拟设施显然是完全不同的两种东西。

在以上意义上谈到的"模拟人"，譬如一个蜡像，一方面可以带来与我们对真人产生的某些经验完全相同的表面经验，另一方面又与真人有着无可否认的差异。一个对人的某些特征进行再现的电脑程序，如一个单机游戏中塑造的人物形象，无论如何也不会被我们严肃地认为是"人"。无论这个程序设计得多么精妙和复杂，乃至可以通过图灵测试，但只要一个日常人看得到人机界面背后的层层代码，他就不会倾向于认为这个程序会具有我们所具有的意识经验，也不愿称这个程序为"真正的人"，但会很愿意把它称为"模拟人"。

博斯特罗姆的理解与此不同。博斯特罗姆基于计算主义预设认为计算机程序也能产生与我们所具有的相同的意识经验，他把这样的具有意识经验的程序人称为"模拟人"。他或许会补充说，模拟论证场景中的那种程序人与现在普通计算机上的模拟人程序并不是同一类程序，即使基于现有技术的计算结构不足以产生意识，但未来规模足够大的程序就可以。对此，我们的直觉反应是：更大规模的计算程序确实可以让它看起来更像人，但"像"到一定程度之后到底发生了怎样的"质变"就使得这个程序"是"人了？这种跨越对于我们来说是极为神秘的过程……我们并不打算就此深入对计算主义的讨论中去，而将试图说明：无论计算主义是否成立，博斯特罗姆所理解的这种"模拟人"本身就蕴含着概念上的不可能。

"对任意物 X 进行模拟"可以归结为这样一种结构：让主体拥有关于 X 的（但又不是 X 本身所提供的）表面经验。如此谈及一般的模拟物并无引起误用的风险，但提到"模拟人"时就需要格外注意了。因为说到"人"，既会涉及身体神态、动作反应等第三人称视角可以观察到的特征，还无法排除第一人称视角下的特征，即作为表面经验拥有者的"人"。所谓"主体性"正是对只有放在这个视角下才能确认的特征的统称，而这是被认作"物"的东西所没有的。所以谈到"对人的模拟"时我们首先需要厘清这种"模拟"所针对的是什么。

很容易发现，把"模拟人"理解为"蜡像""数码人像"也不会产生什么问题，因为这些"模拟人"本来就是不拥有意识经验的单纯的"物"，对第三人称视角下人的特征进行模拟与对物进行模拟没有什么两样。但博斯特罗姆将拥有意识经验的程序人称为"模拟人"，意味着这里的"模拟"所针对的是人的第一人称视角的特征，这就带来了概念上的各种内在矛盾。

按"对 X 的模拟"的结构，模拟操作所朝向的总是"人"，"对人的模拟"也不例外，那么其所朝向的要么是被模拟者本人，要么是其他人。

"向一个人'模拟'他自己"是什么意思呢？对于每个人来说，在第一人称视角下他总是自我认证同一的。"自我"正是依靠第一人称视角下的自我认证同一而确立的，原则上没有其他标准。所以，即使发生了"替换"，只要他仍是自我认证同一的，那么他就没有任何机会严格地确认对"他自己"的替换，或者说这个替换对他来说是不可能产生任何意义的。那么，模拟成立的要件之一——替换刺激源，在这里就是无法完成的。

即使在第三人称视角看来存在对某人的"自我"进行替换而当事人不自知的可能，但这又意味着把模拟操作本来所针对的主体也替换掉了：这项模拟操作原本打算向张三"模拟"他自己，按操作就需要把张三换成李四，结果最后却变成向着李四进行"模拟"了。如果"向一个人'模拟'他自己"意味着将他替换为不是他的另一个人，那么也就无从谈起"向着他自己模拟"了。

"向另一个人模拟一个人"这种说法似乎是可以理解的，即让某模拟物（亦即原本意义上的"模拟人"，如一具仿真蜡像）具有一个人在第三人称视角下的某些特征，从而让另一个人拥有关于这个人的表面经验。但是，我们可以注意到，这里的"模拟人"本身拥有意识经验对于这种模拟的成功来说既不必要也不充分，让模拟人具有且仅有第三人称视角下将其确认为一个人时所需的各种特征即可成功"模拟"，而压根无须实现它的意识经验。

"让某模拟物具有一个人在第三人称视角下的某些特征"其实也是理解"模拟人"的唯一可能方式；如果模拟人在第三人称视角下的特征与人并无相同之处，那么无论其本身是否具有第一人称视角，也都称不上"模拟人"。譬如，单机游戏中的数码人摹程序必须通过显示器或耳机将某种形象或声响传达给游戏者，一个"模拟人"才有可能被把握；仅仅是程序代码或硬件本身并不构成任何"模拟"。倘若"模拟人"在第三人称视角下的特征与人相同，且也具有经验意识——如博斯特罗姆所设想的程序人，那么如前一节所述，我们就没有理由拒绝承认他"是"一个人了。如此也谈不上"模拟"了——因为模拟人必须"本身不是人却能让人产生关于人的经验"。

即使暂且不强调第一人称视角的不可模拟性，将"表面经验"作为模拟对象——如博斯特罗姆所主张的——也会带来另一种谬误。按"模拟"的结构，可以假设任意经验 a 为要被模拟的经验，而 a' 为"a 的模拟经验"，它们使得某主体对它们的表面经验均为 b。问题在于，因为 a 本来就只是表面经验，所以对经验 a 的表面经验 b 就只有作为在时间上晚于 a 的对 a 的"反思"才是可能的。这意味着，这种"模拟"的最小单元也必须在时间中才能完成，是必然耗时的。而一般模拟行为的每一步操作作为感知行为——接受刺激源以形成经验——总是当下完成而本身不耗费时间；现实中一整个模拟过程所消耗的时间由这样的一个"横切面"与其他耗时意识行为所消耗时间的累加形成。所以，对表面经验来说也谈不上对其的"模拟"。

　　总之，"对第一人称的任何特征进行模拟"是个具有内在矛盾的概念，其根源在于"模拟"的二极结构与第一人称视角特性之间的张力。模拟操作的必要步骤是进行刺激源的替换，并保证主体特定经验内容不变；而如果"第一人称"概念还有任何实质意义的话，那么就可以确认每个第一人称视角相对于第三人称视角和其他第一人称视角的独一无二与无可替代性。既然这样的第一人称视角本身总是构成模拟活动的必要一极，那么它本身也就处在了模拟操作所要处理的范围即可替换的刺激源范围之外。所以"对第一人称进行模拟"不啻意味着"为不可替换的东西找到可替换掉的东西"或"把不可替换掉的东西替换掉"这种自相矛盾的做法。所以，按博斯特罗姆的理解将程序人称为"模拟人"，要么要求程序人不具有第一人称视角——因而才是可模拟的，而这与他自己的设定矛盾；要么就会让"对第一人称视角进行模拟"先天缺失"模拟"的成立要件，带来概念矛盾。所以，我们不可能用计算机"模拟"我们的意识经验。

　　但是"用数码技术进行模拟"这样的说法已经司空见惯，计算机上各种模拟程序也已经在各个领域发挥着实际的作用，我们已经习惯将基于计算机程序让我们产生的某种经验效果称为"模拟"的。那么，我们的这个结论与这些常识之间是否存在着冲突？计算机技术被与"模拟"紧密联系在一起是因为：通过计算机我们可以随意愿任意地调整数码关系，并将数码信号由硬件转化输出为针对我们感官的特定感官刺激，所以相比基于物理物件的模拟场景设置，计算机软—硬件模拟可以轻松扩展出任意多乃至理论上无限的刺激种类。因此，计算机技术理所应当是进行模拟操作最完美的媒介——包括后面要提到的虚拟现实技术，也是基于计算机技术而得以实现的。博斯特罗姆看到了"计算机"与"模拟"之间的这种紧密关系，但他似乎由此习惯性地把"数码"与"模拟"等同了起来，从而认为凡是"硅基"的就不会是"真实"的，进而把他认为具有意识经验的程序人不协调地称为"模拟人"。

　　需要注意的是，在所有这些利用计算机系统模拟的场景中，其最终作用在于通过输出终端（如显示器或耳机）向我们提供特定的感官刺激或可收集的经验性材料。所谓"数码模拟"的准确含义是：设计者人为控制特定数码运算过程的发生，然后将运算取得的数码关系转化为可以被我们的感官接受的刺激信号。所以，在我们接受到这些刺激并产生关于模拟物的经验之前，在输出终端本身之上并没有任何"经验"产生。任何所谓的"模拟物"总是在这些刺激被给予主体以后，由主体拥有的经验所投射出，譬如用数码技术模拟"用球拍击球"，其实只是向一个沉浸者展现了特定图像、声响和触感，但游戏者会感知到"球被球拍击出"，而非计算机提供的碎片式的图像和声响本身。

但是，当游戏者将注意力集中到这些图像和声响本身上时，图像和声响恰好就是其所要关注的对象本身而非其他对象的组成部分，他所获得的就是这些图像和声响本身而不是任何图像和声响的"模拟物"。因为图像与声响本身就是表面经验，所以对于它们无所谓"模拟"或"被模拟"。数码模拟设备在对"物"进行模拟时所提供的只是特定的"刺激"碎片而不是经验本身；仅当这些刺激作用到了主体之上后才有模拟物出现。所以，即使计算主义是成立的，博斯特罗姆理解的"模拟世界"若要成为可能也需要让电脑先分别对主体（计算主义下所理解的主体）和两个相关刺激源进行"仿制"，才可能满足模拟的二极结构。

既然主体在模拟操作中保持同一，因而无法被模拟，那么我们就只能在主体之外寻求任何可以被"模拟"的东西。这似乎仅限于由刺激源和主体作用产生的经验所投射出的世界了。因为只有它们及其模拟物才能满足模拟概念的两个要件：给主体的表面经验一致，同时又是不同刺激源引发的。所以，博斯特罗姆把"产生主体与改变刺激源"的整个过程统称为"模拟"是不恰当的，即使计算主义成立，也只有世界是可以被模拟的，而非程序人。但是，如果计算主义已经被 FUP 否证，或至少被认为是太强的预设，那么这种思路下的对经验和经验主体的"仿制"也就成了不可能的。这使得在计算主义下"对世界的模拟"也无从谈起。

如果我们不愿意让之前由模拟论证引出的各种哲学设想落空并使相关讨论失去价值，那么是否存在某些补救措施可以通过调整某些前提来重新提出"模拟论证式论证"？可以想见，要挽救"模拟论证式论证"——保留从"模拟"引发的论证力度——只能放弃计算主义。那么除了基于计算主义的"对关于世界的经验的模拟"，还有其他模拟方式吗？

前面提到，能谈得上被"模拟"的只有主体投射出的世界，所以我们不会再企图对主体进行模拟。其实主体总是现成的，而模拟操作需要做的是针对感官刺激源进行替换。我们在下一节将看到，VR 技术能够实现这个功能。不同于"瓮中脑式模拟"伴随技术要求、理论负担和伦理风险，基于现有数码与机械技术的 VR 式模拟已经可以初步实现，我们也已能够给出终极阶段 VR 模拟的基本技术构架，并且不需要任何理论预设和对身体的侵入。这样，VR 式模拟的可能就为保留和拓展"模拟论证式论证"的哲学价值提供了空间。

第三节　何为虚拟现实

VR 技术最初由计算机技术拓展而来，阿让·拉尼尔（Jaron Lanier）在提出这个概念时并没有哲学上的考虑。翟振明在《有无之间》一书中第一次深入挖掘了这个概念背后的哲学意义，并深入涉及了本体论问题等哲学硬核，使得这个概念成为接续经典哲学问题并激发新思考的平台。这一节我们将把虚拟现实与通常谈及的几种"虚拟世界"进行区分，并说明虚拟现实的基本技术结构。由此我们能够看到，对于构建模拟论证式论证，采用 VR 式模拟会在哪些方面优于计算主义式模拟。

按翟振明在《有无之间》一书中的定义，"虚拟现实"即指"一种感觉感知的人工系统，将我们与自然实在 ❶ 区分开来，但是允许我们同样地或更好地操纵物理过程并同他人相互作用，同时为扩展我们的创造力提供前所未有的可能性"，其在技术上表现为一套全方位的"感觉制造系统"，包括立体眼镜、立体声耳机、能感知以及给予皮肤压力的全身范围的"衣服"、其他能给予我们任何感官以体验的设备、具有强大计算能力的计算机和一系列连接设备，能够向我们营造出一种与我们在自然实在中的任何感官体验相同或崭新的体验。

虚拟现实是一种已经得到初步实现并在可预见的未来趋于完备的技术。我们甚至可以将近一个多世纪以来所取得的诸多科技成就看作向虚拟现实的实现不断迈进的步伐。扬声器的发明或许可以作为虚拟现实技术的始端，电子成像技术，特别是 3D 成像技术的逐渐完善又向前跨进了一大步，更毋论日新月异的计算机技术……而日趋成熟的网络空间（cyberspace）可被看作非完备的虚拟现实形态。

所谓"非完备的"，是指现今的网络技术能够给予我们的感官刺激方式还远不如自然实在能提供的那么丰富和持久，且尚限于"低保真"的视觉、

---

❶ 我们现在所习惯的被自然地给予的，而非自主选择处身于的实在，与人工制造的虚拟现实相对。

听觉效果和极少量的触觉尝试，所以现在的网络空间与自然实在远不是对等的，前者总是被理解为后者之中的一部分。注意到网络空间的"非完备性"非常重要，因为相比之下，最终的虚拟现实技术将会是"完备的"，并因此取得与自然实在的本体对等性。

在前面我们指出过"模拟"概念固有含义的两个要素：模拟物与被模拟物给主体形成的特定表面经验是相同的；而引发两次经验的刺激源又必须是本体不同的两类东西。我们发现，"虚拟"概念有着与"模拟"类似的意向结构，一方面所有的"虚拟物"总是与某种"实在物"在某个方面相对立且绝然不同，否则其就会直接成为这种"实在物"的"复制品"；另一方面其又与"实在物"有着一种共通性，即绝然相同，否则我们就只能用"虚构"去修饰它。

我们常用"虚拟世界"来指称互联网，提到"虚拟世界"，我们还会联想到叙事性的文学艺术作品或梦境。一方面，这些虚拟情形与现实世界当然具有某种共通性。互联网与"现实"中的信息交互传递过程具有同构性：我们既可以在现实中与人交谈，也可以实现远程视频；既可以将信件投入铁制的信箱，也可以发送到电子邮箱。一部小说、一个神话、一部戏剧、一部电影，通过文字、舞台或屏幕让我们能够身临其境地与主角同呼吸共命运，它们都实实在在地向我们传达了各种有意义的观念。笛卡尔（Descartes）"做梦"思想实验之所以具有力度，也在于我们在梦境中的体验很大程度上无法与梦醒时分的经验区分开。并且，我们也拥有很强的直觉，认为这些虚拟情形与相应的"实在"之间毕竟存在着本质差异。"网虫"们常被提醒不要沉溺于网络，要面对"现实"；无论我们在读书或看电影时多么沉浸其中，每当我们掩卷或演职员表出现时，我们都要把信马由缰的想象收回来。"梦"与"梦醒时分"所面对的世界毕竟是不同的，否则"梦"本身也就失去了意义……因此我们会说，这些虚拟情形与自然实在相比，"说到底还是虚的"。

我们拥有这样的直觉是因为现阶段自然实在提供表象的方式具有独一无二的丰富性（眼、耳、舌、鼻、身全方位的感官刺激）和稳定性（除非死亡，否则我们似乎就不会摆脱自然实在）。而以上这些虚拟情形提供给我们的表象要么是单一或局部的（如现有的网络空间缺少触觉刺激这个重要的表象维度），要么是单向被动的（如看电影或戏剧只是在观看而无法互动），要么借助想象而非感官（如阅读小说时，从文字到意象的转换依赖于读者的想象力），要么是暂时的（人们无法生活在这些虚拟情形里，总要

"出来回到现实世界")。

如经典的"做梦"思想实验所揭示的，我们确实无法区分"坐在炉火旁边，穿着室内长袍，两只手上拿着这张纸"❶这类经验到底是在梦中还是在现实中的，但是，我们在梦中能否拥有如"手被火灼伤会带来无法忍受的剧痛"以及"饥饿感在吃了饭后会消失"这类经验？根据日常经验，除非我的身体本身已经处于某种状态中（如恰好同时发生了痉挛），否则我在睡梦中并无法感到"剧痛"——哪怕在睡梦中我把手伸进火焰。同样的道理，如果我因为长时间未进食而在睡梦中也产生了强烈的饥饿感，那么在梦中的一顿大餐是否会消除这种饥饿感呢？如果说我在梦中将手伸进火焰或吃到了大餐时总是恰好发生了身体痉挛或恰好不饿，那么太不符合我们对梦的经验了。如果说所谓"清醒"时"无法忍受的剧痛"和"饥饿感的满足"本身已是在某种"大梦"中，那么我们只能强调，这种"大梦"并不能仅仅依靠日常的梦而得到说明，两者有着一个实质的区别（这也是日常的梦境与梦醒之间的一项根本区别）：人们只有在"现实"中而非梦中才能产生并满足那些纯粹被动性的需要，与"强制给予性"发生特定关系。

在此之外，我们还常谈及一种并不依赖想象表象方式因而也与外在强制性建立了联系的"虚拟情形"，而且因其对于我们的意识经验的支配不是局部的而是整全的，所以通常被认为可以由之提出怀疑论假想。这就是以普特南的"瓮中脑"和电影《黑客帝国》为代表的两类思想实验，这两类思想实验要成为现实所必需的理论前提分别是对意识的物理主义和计算主义理解。在前文中我们已经看到，正是基于这两个理论，博斯特罗姆和丹顿分别提出了被称为"软模拟"和"硬模拟"的两个概念。在此，我们必须强调，"虚拟现实"与基于这两个理论构建出的任何"虚拟情形"都是截然不同的。

对于一个拥有基本现代科学常识的人来说，他并不会认为"瓮中脑"与《黑客帝国》是难以理解的，也不会轻易否定这两种设想成真的可能性。这大概源于他们拥有这样一个信念：既然"最真实的世界"就是经典力学理论所描述的世界，那么对任何现象——包括意识现象的解释最终无论是怎样一种理论，总不会超出这个框架之外。既然基于这个框架的科技成果已经确认了意识现象与人脑机制的对应关系，那么对意识现象就一定可以由人脑的物理机制或其符号结构得到彻底的理解，由此，控制乃至再造任

---

❶ 笛卡尔. 第一哲学沉思集 [M]. 庞景仁, 译. 北京: 商务印书馆, 1986.

何意识现象就是水到渠成的事情。这样，通过"瓮中脑"与《黑客帝国》的方式实现"虚拟情形"看起来似乎就是个时间问题。

然而，毋论现代物理学早已指出了经典力学框架的局限性（虽然它在很大程度上的确符合我们的日常直觉），也毋论哲学界对物理主义和计算主义的各种反驳（包括我们在前面所阐述的 FUP 指责），这两个理论前提至少是两个没有得到证实和普遍承认的强预设。相比之下，终极虚拟现实技术的实现并不依赖于任何有争议的理论设定，也不是由理论设定推论得到的与现实经验之间有着不明鸿沟的结论。毋宁说这是一个纯粹的工程技术问题：仅基于现有技术，虚拟现实的基本架构已经可以得到实现，问题只在于工程技术的发展如何加强虚拟现实的完善程度。

相对于把人脑置于化学溶液中加以电刺激乃至更神秘的方式——如《黑客帝国》中那样，将人的意识与某种数码机制联系起来的模式，虚拟现实本身所涉及的操作都是在对人的躯体施加任何侵入式作用之外进行的。相比于前者，虚拟现实的实现方式似乎看起来很繁冗，这对于拍摄电影来说或许是费力不讨好的事；但在做出任何严肃哲学论断——特别是这些论断直接关涉我们的存在状况的时候，我们显然必须保持最谨慎的态度。那么，我们何以说虚拟现实是这样一项"中性"技术——人在虚拟现实中并不会被施加以比在自然实在中更多的作用，而不是像"瓮中脑"或《黑客帝国》式的技术——要么依赖于过强的理论预设而变得不可能，要么必然会给人带来更大的技术负担和伦理风险？

身处自然实在中的人与所谓"外在世界"进行的任何交互性作用，都是通过诸感官通道实现的。在这些交界面上，一方面，我们单纯地接收到外感官刺激，通过某种感官（眼睛、耳朵、舌鼻、身体表面）得到相应的感官材料，诸如看到一块颜色、听到一些声响或触碰感受到某种硬度。另一方面，我们还可以通过主动支配身体，控制并利用外在世界的某些方面以直接或间接地实现自己特定的意欲——得到期待的感官刺激或满足生存的强制性需求，譬如抓痒、进食，乃至操控各种机械。

相应地，迄今为止，人与外在世界的任何交互活动所基于的这个自然实在系统首先需要具备两个方面：作用于人的——接触并刺激眼、耳、舌、鼻、身等感官的界面，与被人作用于的——直接接受运动器官作用的界面。而且，这两个界面在与人交互中并不表现为杂乱无章，而是稳定和恒常的，所以在这些界面"背后"极可能存在着某种组织机制以协调这些感官刺激和能动作用——这被我们把握为自然实在（natural reality，NR）中的自然律。这是对 NR 结构进行的最贴近我们实际被给予经验而不做任何"超越设定"的描述。以上三个部分对于我们实际拥有的对 NR 的如是经验来说已是充分的，引入更多要素则成为不必要的理论负担。

由此，我们可以更容易看到 VR 技术发展到极致会带来怎样的效应，整个 VR 系统从技术上看也可以被分为以下三个部分。

一是与人直接接触的感官界面系统。包括各种"完美的"（能够提供低于感官阈值的刺激的）感官刺激器，如实现 3D 视觉效果的高清头盔、高保真立体声耳机、能接收和施加压力温度的紧身衣，以及实现各种与身体相接触的功能的整套机械辅助设备……总之，这些设备的终极目标在于"完美地"（让人不可识别地）实现对 NR 中与眼、耳、舌、鼻、身接触的感官界面的替换，最终达到的效果是使人无法分辨构成其感知经验的外在刺激来自 NR 还是 VR 系统。

二是能够对 NR 施加作用的物联网系统。所谓"物联网"，是指将物理物与对应的数码物通过信号转化传输系统和机械操作装置联系起来，使得人对数码物的操作能够导致对物理物的作用，同时，数码物在电子网络中可以按照人工设定的次因果规律互相作用。这相当于把 NR 中的物在计算机网络上"联了起来"。这样，如果我们接入了这个网络，就可以通过只对数码物进行操作而控制 NR 中物理过程的实际发生。借助物联网技术，我们就有可能无须退回 NR 而一直留在 VR 中，完成我们现在对自然实在（NR）所能进行和所需进行的任何操作，从穿衣吃饭、日常生产，到粒子研究、深空探测……《有无之间》甚至还细致描述了在 VR 中进行一次普通生育的整个过程，以此作为范例说明：完全沉浸在虚拟现实中，我们也能够满足我们所有的生存发展需要。

三是负责转化和处理信号并组织协调感官界面系统、物联网系统以形成一个"客观世界"秩序性的计算机系统。在 NR 中，强制给予性以自然因果律的形式与人发生作用；而在 VR 中，强制给予性会以数码次因果关系的形式出现。次因果关系一方面接受由 NR 传递过来的强制给予性——受到自然因果律的限制，另一方面由计算机系统转化为 VR 中的次因果律并对其稳定性和强制性予以保证。因为虚拟现实中的"次因果律"是一种数码关系，而其可以被虚拟现实的创建者所设置，所以，次因果律既可以是对 NR 中自然律的再现，也可以出于创建者的意愿做出调整（此即 VR 中的"扩展性"部分）。

以上是 VR 在技术层面的基本架构。可以看到，这样的 VR 系统本身所实现的任何操作，并不越过感官界面对人施加任何侵入作用，VR 设备只是 NR 与人相接触和作用界面之间的"夹层"，避免了"瓮中脑"与《黑客帝国》式的技术伦理风险和理论预设。

在第一章，我们谈到了模拟论证可能的理论意义和直观展示出的一系列问题，包括对世界本性和人类地位的理解，对知识、道德客观性的反思，以及对他心问题、死后生活的重新刻画和阐释等。模拟论证的一个关键前提是"（所谓的）'模拟人'拥有与我们相同的表面意识经验"——这种进路之前一直与怀疑论联系在一起。而模拟论证的独特之处在于其基于简单的实证经验假定，得到的是比怀疑论假设的可能性大得多的、具有实质可能性的结论——如果计算主义预设确如博斯特罗姆所认为的那样并不是一个强预设的话。但根据本章第二节的分析，在概念上"人"就无法被"模拟"，能被模拟的只有"世界"，且如果计算主义预设是引入"模拟"活动谈论哲学问题的唯一进路，而计算主义又是已被否证或不被接受的，那么模拟论证将是彻底失败的。于是，我们很自然地会设想：在计算主义之外，是否存在其他更少理论预设的"模拟"方式，同样可以基于经验证据引入实质可能性，从而保留之前那些问题维度的进路，即构建出一个新的"模拟论证式论证"？

第六章

自然实在与虚拟现实的本体对等性论证

在上一章，我们阐述了虚拟现实技术的特征和结构，展望了这项技术的诸多可能性，并期待 VR 式模拟能够带来如博斯特罗姆声称模拟论证具有的那样有意义的哲学成果。而决定虚拟现实在哲学讨论中具有何种意义的关键正在于虚拟现实与自然实在的"本体对等性"是否成立。如果 VR 与 NR 不可能对等，而 VR 被理解为必须依附于 NR 或只是作为 NR 的一部分而存在，那么 VR 的哲学意义就会被限制在"科学技术对人类社会的影响"这类在哲学中并非"硬核"的话题里，所谓"VR 哲学"就类似于"克隆伦理学"的概念，是仅就作为对某个新生事物的专题研究而言的。而我们如果能够证明并解释清楚 NR 与 VR 间的一种对等关系，那么就打开了通过 VR 进行更深远的哲学讨论的大门，我们就可能把 VR 作为一条"研究进路"——类似"语言哲学"从语言分析展开哲学研究的方式——借之重新审视和理解"世界""实在""因果""他人"……这些最基础的哲学概念。

VR 与 NR 间的本体对等性在《有无之间》中被表述为"可替换感知框架间对等性原理"，即"支撑一定程度感知的一致性和稳定性的所有可能感知框架对于组织我们的经验具有相同的本体地位"，被翟振明具体归结为三条"反射对等律"："一、任何我们用来试图证明自然实在的物质性的理由，用来证明虚拟现实的物质性，具有同样的有效性或无效性；二、任何我们用来试图证明虚拟现实中感知到的物体为虚幻的理由，用到自然实在中的物体上，照样成立或不成立；三、任何在自然物理世界中我们为了生存和发展需要完成的任务，在虚拟现实世界中我们照样能够完成。"❶

我们可以把 NR 与 VR 的本体对等性论证整理如下：

1. 实在世界本体地位的判定标准在于且仅在于，它能在多大程度上让沉浸者组织起（像我们拥有的如是这般的）生存发展与探索未知的经验。

2. NR 与 VRCI 能在同样程度上让沉浸者组织起生存发展与探索未知的经验。

3. NR 与 VRCI 具有相同的本体地位，即是本体对等的。

简单来说，本体对等论证的前提 1 确立了一个关于本体地位的判断标准，前提 2 指出 NR 与 VRCI 在同样程度上满足这个标准，由此得到二者本体对等的结论。那么根据我们尽力但未必完的收集和归纳，对这个论证的反驳大致会来自以下几个方向。

一是按常识直觉，NR 中的物体是由"实实在在的"物质构成的，而

---

❶ 翟振明. 有无之间：虚拟实在的哲学探险 [M]. 北京：北京大学出版社，2007：81.

VR 是完全虚幻的，因此两者的本体地位截然不同。这个反驳针对前提 1，认为存在超出我们经验的本体地位判定标准。

二是 VR 技术虽然可以产生逼真的沉浸效果，但我们不可能让所有人沉浸其中，也不可能永远沉浸其中，因为我们必须回到自然实在中才能满足基本生存需求和完成工农业生产。这个反驳针对前提 2，认为 VR 不能像 NR 那样满足我们的所有需求。

三是 VR 系统的物理载体本身还是在 NR 中建立起来的，无时无刻不依赖于 NR，所以两者先天不对等。这也是针对前提 1 的，认为 NR 与 VR 之间的关系会决定它们本体地位的差异。

如果以上三个方面的反驳能够代表和涵盖本体对等论证会面对的攻击和压力，那么我们对本体对等论证的主要辩护任务就是回应这三个反驳。

第一节　实在感与"物质"无关

按照朴素的日常和科学常识，我们相信在 NR 中被给予我们的感官刺激来自本身就是单一持存个体的物体，这样的物体又是由分割到最小的单一持存个体——物质微粒组成的；而在我们对 VR 的经验中，却不存在这样的刺激源，我们实际感受到的只是显示屏或压感衣上零星的"感觉材料碎片"，VR 中出现的任何"单一持存个体"都不过是我们投射的结果。这似乎是人们在反对二者对等时首先会想到的理由：既然"物质"才是"实实在在"的，没有"物质"作为支撑的 VR 世界显然就是虚幻的。我们似乎对 NR 的"实在性"有很清晰明了的理解和判断标准，而 VR 显然不符合这些标准。

要回应这个反驳，我们首先需要找到判定 NR 中的物体为"实在的"时所依据的具体标准，或者说使 NR 体现出实在性的那些特征。如果虚拟现实在原则上可以同样满足这些标准或具备这些特征，那么我们就要反过来重新审视 NR 中作为"单一持存个体"的物体了。

在《有无之间》中，翟振明给出了七个依次渐进的、判定一个场景是否"真实"的临时判定规则，用以分析我们对 NR 的实在感的"感知构造"，或者说 NR 的实在性体现在哪些具体特征上。从第一个临时规则开始，如果一个场景带给我们的感受无法通过这个规则，我们就不会将它看作真实的，而可能将之识别为魔术、幻觉或普通的梦境等。如果这个情形能够满足这个规则，它就可以"临时"被我们认定为真实的，而我们会以下一个规则继续检视它。如此直到第七个规则。

我们可以就判别什么是实在的七个临时规则的实质来概括的表述。

（1）一个（不必是视觉的）单独感觉模式内部的一致性：某种"真实的"东西发生在此刻。

（2）不同的感觉模式之间互相印证：正在发生的感觉互相协调的东西是"真实的"。

（3）在时间持续中呈现规律性：有一个固定不变的"它"作为"真实的"东西持续着。

（4）在空间中的运动性："它"是外在于"真实的"空间中的。

（5）力学合法性："它"具有承载"真实"变化的空间同一性的守恒性。

（6）在变化和已知能量供应之间的相关性："它"对其他事物有"真实的"影响，并且不会纯粹、随机性地自我创生或毁灭。

（7）对人的身体具有相称的因果性实效：能量守恒不是假的，而是"真实的"。❶

规则（1）是说，如果我的视野中心有"一堆篝火"，而其周边却不连续地显现为"台灯、书桌与墙壁"，这时就发生了"视觉模式内部的不一致"，那么我会认为，自己所面对的至少不全是"真实"的场景——"这堆火"可能只是一台放在桌上的显示屏所播放的画面而已。

即使我面前的整个视场是协调一致的（现在市面常见的 VR 眼镜就可以达到这个效果），譬如当我环视四周，发现自己面对的正是"林间的一堆篝火"，但如果我在看到自己的手深入火焰中却没有感到任何烧灼感时，那么我当然就会怀疑这堆篝火的真实性，因为我的视觉与触觉之间违反了临时规则（2）"不同的感觉模式之间互相印证"的要求。

规则（3）指出，即使我在手深入眼前的火中时感到剧烈疼痛，但如果"这堆篝火"连同疼痛忽隐忽现而不是持续存在，那么我也会怀疑自己面对的是不是真实场景。

规则（4）、（5）、（6）要求，一个被认定为"真实的"场景除了要满足前三条规则，还必须表现出对物理规律——从空间同一性到能量守恒定律——的遵守。如果一个场景——譬如某些"特异功能"或"超自然"现

---

❶ 翟振明. 有无之间：虚拟实在的哲学探险 [M]. 北京：北京大学出版社，2007：63-68.

象——表现出对这些物理律的"突破",那么我们并不会怀疑物理律的有效性,而是会质疑这个场景本身的真实性。我们会将之看作"假象",并试图找出这个"假象"背后"真实"的物理机制。

至此,前六个规则都可被称为"临时"的,而第七个规则意味着我们需要用自己的"肉身"来做最后的检验。如果一个被前六个规则认定为具有伤害性的力量作用于我们的身体时却没有造成相应的影响,那么这就不是一个真实的物理作用。由于"这样一个渐次进行的解构过程的最后结果,是经验主体本身的终结",所以第七个规则是我们判断一个场景为真实还是虚幻的极限。因为就判定"感知所面对的实在"来说,一个超越于经验感知主体的判定标准是不成立的。

在检验一个场景是否"真实"时,满足这些规则的每一个都是必要的;同时,这七个规则合起来又是充分的,满足了这全部七个临时规则的场景就被我们认为是真实的。因为在我们的经验中,除了 NR 并没有其他场景能够满足全部这些特征,我们就认定 NR 是唯一真实的。

在现在的常识看来,NR 之所以能稳定、一致地保持这样的特征,是由经典力学空间中的单一持存个体——即由"物质"组成的物体——决定的。既然由物质构成的 NR 被认为是唯一满足全部这些特征的场景,那么这七个规则也就成了识别"物质"的最终根据,即"我们用来试图证明自然实在的物质性的理由"的最终来源。

但实际上,作为"真实"标准的七个规则本身并没有蕴含着物质或本身单一持存的个体概念,物质本身的"实在性"也无法通过这些规则的检验。如果这七个规则已经是 NR 的全部内涵的话,那么在 NR 中将无处安放"物质"。如果这种本身单一持存的个体或物质其实被排除在上面这个"真实"标准之外,那么其就只能作为一个"理论推断"。而这使得即使完全沉浸式 VR 中的"物体"的"背后"并没有物质或任何经典力学空间中的单一持存个体,却也可以满足七个规则,并就此有机会与 NR 对等。

我们需要重新引出"完全沉浸式虚拟现实"(virtual reality of complete immersion,VRCI)这个概念。

"沉浸的:在一个人的经验中完全被人工环境环绕并且完全与自然环境的感知隔离。沉浸技术:一种代替自然刺激系统并将我们与自然世界中的自然刺激系统隔离开来的、对我们的感官产生完全协调的刺激的技术。"简言之,"沉浸"状态即沉浸者"置身于"VR 中时的状态,严格来说,这里的"沉浸"定义特指的是"完全沉浸",而由现有 VR 设备营造出的 VR 仍只是

"非完全沉浸"。完全沉浸与非完全沉浸的 VR 系统虽然在技术上是连续的，但两者的意义有着本质区别。

所谓"非完全沉浸"，一方面是指其所提供的感官刺激相对于自然实在的精细丰富程度显得过于粗糙、生硬；另一方面是指其能实现的功能还非常有限和单一，体现为：感官模式单一，现在的 VR 设备主要针对视觉和听觉，而只能提供很有限的触觉刺激，只有感知手套之类的局部设备；仅就视听方面而言，现有设备提供给我们的 VR 体验也只是短暂的、片段式的，而无法支持持续、稳定的沉浸状态。

这导致现在的非完全沉浸式 VR 只能暂时满足规则（1），如视觉内部的统一。虽然听觉很容易被整合进来与视觉相协调，但触觉方面的鸿沟短时间内难以填补。这导致现在的沉浸体验往往是"看得见、摸不着"。所以，现在的 VR 场景是无法通过规则（2）的，更不用说后面的规则。所以，这种非完全沉浸式 VR 与 NR 的区分是显而易见的，因为"看得见、摸不着"和"不可持续"被我们认为正是幻象的特征。同时，对于被认为是物质最根本的属性的"不可入性"的理解最终依赖于触觉，而触觉在 VR 系统中恰好又是最难实现的，这也加强了我们这样一个印象：VR 中的"物体"终究是"虚的"，跟由"实实在在的物质"所组成的物体有着本质区别。

但非完全沉浸式 VR 系统与完全沉浸式 VR 系统之间存在着技术连续性，即完全沉浸式 VR 系统的实现仅是个时间和成本问题，而没有技术上的障碍——在触觉感压技术上的突破终会实现。我们可以试想这样的场景（未必是最终的 VR 模式，但已足以实现我们现在能想到的在 NR 中所实现的各种功能）：一套单人 VR 设备将不再只有 3D 显示头盔❶、立体声耳机、感压紧身衣、万向跑步机，而且包括可以实现各种功能的机械手、3D 打印机等各种辅助设备与物资。所有这些硬件由计算机进行协调控制，可以让我们拥有与在 NR 中的经验完全相同的经验：譬如享用一顿海鲜大餐、登上一座雪山的顶峰；当诸多类似的单人 VR 设备通过类似互联网的方式连接起来之后，主体间的交互性活动也成为可能，譬如由医生远程完成一项外科手术、面对面的上课或会议等信息交流活动。

因为 VRCI 与 NR 都符合了七个规则，而七个规则又构成了"真实"及其背后载体物质的全部判定依据，那么"一、任何我们用来试图证明自然

---

❶ 现实中，VR 的使用范围广，如所有直观 3D 的成像效果都被业界成为 VR，但我们整篇文章所使用的这个概念要窄得多，特指穿戴式 VR 系统，即会与人的各个感官直接接触这种沉浸方式。如一种投影式 VR 系统——CAVE 系统，就不是我们这里所使用的 VR。

实在的物质性的理由，用来证明虚拟现实的物质性，具有同样的有效性或无效性；二、任何我们用来试图证明虚拟现实中感知到的物体为虚幻的理由，用到自然实在中的物体上，照样成立或不成立"。也就是说，如果我们试图用符合七个临时规则来"证明"NR 的物质性（因而 NR 是实在的），则这些理由对 VR 也可以有效。就"物质性"而言，NR 相对于完全沉浸式 VR 并不具有什么特权说"物质性"是它独有的特征。其实，通过七个临时规则得到"NR 是物质的"这个推理本身是无效的。如果我们试图以"VR 不是物质的"为理由来证明 VR 的虚幻性，那么就会发现这个反驳对 NR 也同样有效。既然完全沉浸 VR 中的物体"背后"并不需要物质的支持，那么又何以推断 NR 的稳定一致性必须要"物质"来支持？这恰恰动摇了"物质"概念，并促使我们重新对"物质"做出特殊的理解。但那样一种理解，要么是对 NR 或 VR 同样有效，要么就是跟任何现实（R）本身都没有关系。

第二节　完全沉浸式虚拟现实

在回应第一个反驳时，我们已经看到 VRCI 所起到的关键作用。在这样的 VR 系统中，我们在 NR 中所涉及的所有情形、所有"为了生存和发展需要完成的任务"都可实现——这是第三条反射对等律的内容，也正是第二个反驳所针对的。

的确，虽然数字化视听设备结合互联网技术已经非常强大，但跟人类现在所有的生存发展活动相比，这些设备的功能只能覆盖其中的一小部分，而当下所见的 VR 装备从技术层面来看，只不过是整合了这些技术。如果 VR 技术发展到极致，也终究无法实现某些我们在 NR 中可以完成的任务，而使得我们必须切换回 NR 之中才能实现这些功能，那么我们就不会说"VR 具有 NR 同样的本体地位"。也就是说，在以下五个方面中若有一个是 VR 技术在原则上不能满足的，那么两者的对等关系就不能满足：

1. 始终沉浸

即一个人从出生到死亡的个人基本生存需求，如饮食、休息、医疗等都沉浸在 VR 中得到满足，而无须回到 NR。基于现有技术也不难想象这如何实现。类似火星旅程压力测试志愿者们在"太空舱"里可以与世隔绝生活 1000 天，"始终沉浸志愿者"可以选择终其一生沉浸于 VR 中。不同在于，前者是被限制在 NR 的一小部分中，后者是面对着整个 VR 世界。

2. 全部沉浸

每个人都沉浸在 VR 之中，即无须有人留守在 NR 中维护 VR 系统的硬件设备。当 NR 中所有的"物"在 VR 中都有其对应的"物替"时，借助"数码次因果关系"，沉浸者可以通过与物替的交互作用实现与 NR 中的物交互作用。也就是说，对 VR 系统硬件本身的维护或升级也可以在 VR 之中完成。

3. 工农业生产

鉴于我们的能量摄取方式，基础农业生产仍然是必要的。既然"全部沉浸"中我们对 VR 底层硬件的维护都可以在 VR 之中完成，那么通过"物联网"技术在 VR 中实现农业生产亦非难事。现代工业的自动化和数控化程度已经非常成熟，在 VR 中这个趋势将会被进一步加强，直至可以在完全沉浸界面完成全部操作。可以想象，VR 中的"工业结构"将迥异于我们现在的工业体系，当下生活中的相当多的工业产品在 VR 中将会由我们现在称为"程序员"的技术人员提供，而对某些基础工业产品的需求也会大大降低。

4. 人类间交互与繁衍

人类在 VR 中的交互活动是最容易想象的，因为现在的互联网在很大程度上已经可以取代 NR 作为交互活动的主要载体，VR 中的人类交互无非沉浸技术与互联网技术的结合。关于人类在"始终—全部沉浸"中的繁衍有一个特别需要强调的方面，即只有作为人替而非人孹的婴儿加入 VR 中来才算"VR 中的人类繁衍"，这意味着我们排除了把任何人工智能式人孹当作人类的可能，而依然把"遗传物质"的物理传递作为生育的必要条件。

5. 科学探索活动

电脑游戏世界总是被程序设定好的，在一个科教软件中的"科学探索"只能是一种模拟，但自然本身充满了未知和无限性。如果完全沉浸是可行的，那么沉浸者就必须能够在 VR 继续对自然进行探索，得到新的自然科学知识。我们可以看到，装备了摄像头与机械手的深空探测器和潜水机器人使得操作者在地表或海面上就可以完成宇航员与潜水员的工作；相当多的生化实验现在已经无须实验者亲手操作试管、试剂，而是在计算机控制下就可完成并直接得到实验数据；对于肉眼不可见的世界的研究，科学家与未知世界之间本来就隔着复杂的实验设备——从光学显微镜到粒子对撞机。总之，科学实验和观察已经不全是研究者直接面对自然世界，而是通过数码或虚拟的界面来进行，那么在中间再加上若干环节或者把所有的实验都放在完全沉浸 VR 的界面之后，并不会对科学探索造成任何障碍。

如果这五个方面的功能都能实现，那么也就不存在其他 VR 所不能满足的关于生存发展和探索的需求了，因为每一个沉浸者与世界或其他沉浸者所可能产生的所有交互作用都被涵盖在这五个方面里面。同时，既然在这里的哲学讨论中，VRCI 首先被理解为一个思想实验，那么对实现这五个方面功能的描述只要是逻辑上自洽的即可。这就回应了针对对等性论证的第二个反驳，也诠释了第三条对等律。

但是，对 VRCI 现实可能性的讨论可以进一步加强我们的结论。VRCI 的实质可能性越强，对等性论证就越具有模拟论证试图超越怀疑论的那种努力的效果，即严肃考虑"我们已经沉浸于 VRCI 中"的可能性的大小，这意味着从对等性论证的结论有机会作为一项"经验"发现，而非只是一种哲学想象。

即使仅基于现有技术去营造 VRCI，这也不是无法想象的，瓶颈在于 VRCI 的整套硬件系统是否拥有足够低的成本和足够的稳定可靠性。但参照人类技术进展的势头，这两个目标的实现似乎并不存在不可突破的限制。

退一步说，VRCI 的建造者可以在建造 VRCI 的伊始就预先留出发生"突发性灾难"的余地。万一 VRCI 系统出现了无可避免的故障，则这些故障将以特定"突发性灾难"的方式施加给沉浸者。事实上，"阻碍和限制我们生存发展的突发性灾难"在 NR 中是很常见的，如地震、龙卷风等自然灾害，以及原因不明的机能缺少病症甚至猝死等。但我们对此已经"习以为常"，认为 NR 并不会因为这种"无缘无故"的灾难的存在而变得不可理解。那么类似地，引入"突发性灾难"让 VRCI 可以始终是一个"自洽"的系统——VRCI 支持系统出现的任何故障都会被理解为"发生在 VRCI 之中"的，而并不需要去 VRCI 之外寻求解释原因。总之，考虑到我们在 NR 中所受到的限制，VRCI 并不会比 NR 表现得更不"自洽"，我们在 VR 中完成生产发展、解释世界的任务也不会遇到更多阻碍。

第三节　虚拟现实与自然实在的存在结构

前面给出的三条反射对等律都是"就沉浸者而言的"——因为 NR 或 VR 对于"沉浸"本身不会产生不同的影响，所以可以被沉浸者认为是对等的。但除了直向的沉浸行为，对所沉浸世界进行过反思的人们还会具有"完全观察者"视角，即好像可以跳出沉浸的环境，而像上帝那样"俯视"各个沉浸世界。对于上帝来说，他当然可以区分开沉浸者是处于 NR 还是 VR 之中。对于站在这样视角的人来说，即使他接受了全部三条反射对等律，承认 NR 或 VR 对于作为沉浸者的他来说并无差别，他仍然可能就对等性论证的前提而提出质疑，即认为 VR 与 NR 之间的关系也会造成二者本体地位的不对等。

因为无论沉浸者在 VR 中所面对的是一个多么广阔的世界，但整个 VR 硬件系统——周身沉浸设备、物联网设备、计算机主机等，归根结底只是 NR 的一小部分。因此，VR 对 NR 存在着单向的依赖关系。VR 的存续无时无刻不依赖于 NR 中 VR 硬件设备的运行。NR 离开 VR 可以继续存在，而 VR 离开 NR 的支持将立即崩溃。因而，二者先天不对等。

这个描述的确是蕴含在 VR 概念中的技术事实，回应这个反驳的机会在于最后一句推断是否成立，即这样的事实是否会导致二者本体地位的差异。对这个反驳的回应会比较复杂。

我们首先可以确立三个事实：

其一，完全沉浸式 VR 是可能的。如我们在第六章第二节所说明的，就满足生存发展的需求来说，VR 与 NR 对于沉浸者是等价的。

其二，我们清楚如何构建各种 VRCI——我们能在任意程度上想象被沉浸的世界可以是什么样的。

其三，对 NR 存在结构的主流理解——无论是常识的还是经典力学框架式理解——对于我们应对生存和发展虽然非常有效，但仍是假说性质的。

我们的回应思路是：基于前两个事实，首先借助 VRCI 搞清楚 VR 的存在结构，即寻找使得任何 VRCI 成为可能的必要条件。其次将找到的必要条件合并起来，检视这是否构成了对 VR 存在结构的充分描述。而事实三给了我们重新理解 NR 的空间。在确定 VR 存在结构的每一步推进过程中，我们都留意将新得到的结论与 NR 进行比较——寻找 NR 中与此相对应或不同的部分，以及这些差异的性质是什么。由此得到 NR 乃至所有我们可以沉浸其中的"实在"的存在结构。最后，我们试图说明，所有这些实在的存在结构都是对等的，VR 与 NR 的差异和两者之间的关系——包括 VR 对 NR 的依赖，并不影响两者的本体地位或构成对对等论证的反驳。

在寻找 VR 以及 NR 存在结构的过程中，我们需要反复用到两个方法原则：

第一个原则为奥康的剃刀："如无必要，勿增实体。"这几乎是所有理论研究的基本原则，在这里，这个原则体现为我们要尽量减少对形而上学实体的设定，不添加任何可以被解释或被悬搁的形而上学实体。同时，我们接受了"奥康的剃刀"的反命题："如果必要，则须保留"（如果保留和确认的不一定是"实体"的话，那么也可以是某种"结构"或机制），即不被"奥康的剃刀"剔除的就是 VR 得以可能的条件，即 VR 的存在结构。

第二个原则为我们所使用的"奥康的剃刀"提供了具体标准，即判断一个要素是否为形而上学上必要（构成 VR 存在结构的组成部分）的方法。任何所判断的要素，如果对于沉浸者来说有其"替代物"（alternative）存在，即在其不存在而仅有其"替代物"存在时，沉浸者仍可以拥有之前的经验或满足之前的功能，那么对于沉浸者来说，这个要素就不是必要的，并与其"替代物"对等。反之，如果并不存在此要素的"替代物"，没有此要素沉浸者即无法拥有之前的经验或满足之前的功能，那么这个要素就构成 VR 存在结构的组成部分，而不可被"奥康的剃刀"所消除。

一、"物质"不是存在结构中的要素

在常识看来，我们现在所沉浸的感官世界（NR）所表现出的稳定一致性是由组成经典力学空间中单一物体的"物质"所保证的。但是，VR 技术也完全可以实现同样的稳定一致性，我们在 NR 中体验到的"实在感"（对"单一持存个体"的确认和识别）在 VR 中也可以实现。即 VR 中的"单一持存物体"并不需要"物质"作为基础，而是由计算机对感官刺激进行协调的结果。VR 中依然存在"个体"，但并不存在"物质"。

"所谓背后的单一性的断定，实际上来自现象的规律性。如果虚拟现实现象的规律性能够不通过背后的单一性来理解，则我们可以推断自然世界的类似现象也能够不通过这样的单一性来理解。"既然 VR 无须物质实体而可以实现 NR 所具有的因果有效性，那么这种因果有效性与一个单一刺激源——"物质"及其组成的单一物体之间就没有必然联系，离开物质也就不会妨碍我们对 NR 其他方面的理解。

通过"物质"来说明 NR 的因果有效性是简便的，但这在形而上学上却构成了很大的负担。通过 VR，我们看到实现感官世界稳定一致性的另一种可选机制。这种机制在技术上是复杂的，却避免了这个理论负担。既然没有物质也可以说明我们的通过感官得到的经验，"物质"可以从"感官世界"

中作为一个理论预设被"剥离"出来，那么这就打破了"感官刺激来自单一刺激源"这种常识直觉，那么这时候"奥康的剃刀"也就有机会发挥作用删除"物质"。

或许有人会质疑：即使我们很清楚 VR 实现稳定一致性的机制无须"物质"，但这在逻辑上并不能说明 NR"背后"也没有"物质"。即使 NR 并非博斯特罗姆所说的"底层世界"，那么无论底层世界什么样子，也没有"物质"这样的单一实体来支持吗？如果否定自然因果机制的保证是"物质"，那岂不是要陷入一种神秘的境地？其实，用"物质"解释感官世界看似很直观，但其实我们本来就说不清到底什么是"物质"，除了猜测和假设，我们也不可能得到任何指向单一持存个体的直接证据。物质本身就是很神秘的。我们似乎是将感官世界的各种奇特而神秘的性质打包归于"物质"的属性，这样，感官世界就变得容易理解了，但这不过是把物质的神秘性推到了远离人们日常生活的地方，它长期受不到拷问，也就被人们习以为常了。就物理学内部来说，经典力学严格来说并不是一门精确的科学，相比之下，量子力学要精确得多。从理论竞争角度，经典力学是暂时的。有趣的是，在解释力极强的量子力学中，并没有单一物体或"物质"这样的东西。极其精确且应用极广的量子力学也被看作神秘和得到最终理解的。神秘境地似乎不可摆脱。至少我们不能单纯为了摆脱纠结感而把"物质"严肃地"请"回来。

二、实在参数

按照 VRCI 的定义，建造者可以通过设置特定的参数而让 VR 中的物理律呈现出完全迥异于 NR 物理律的样子。譬如重置 VR 中物理律的某个数值，使得 VR 中"地球"表面的重力加速度为 $5m/s^2$ 而不是 $9.8m/s^2$；再譬如 VR 的建造者完全可以让动画片《哆啦 A 梦》中的大部分道具（如"任意门""放大缩小枪"等）在 VR 中成为现实。事实上，在可设置范围内存在着无限的可能性，只要由此得到的物理律可以满足：①不存在矛盾；②不至于使沉浸者无法生存；③向未知领域保持开放。

如果建造任何 VRCI 时都必须要给这样一些参数赋值，以使得这个 VRCI 向沉浸者呈现出特定的物理律内容，那么这些"参数"就构成了 VRCI 存在结构中的必要组成部分，而每一个具体的 VRCI 的存在结构中也必然包括一组特定参数值。如果不设置特定参数值，VRCI 就无法呈现为一个我们所熟悉和亲近的"实在世界"。虽然每一组参数值各不相同，但它们在本体论上是完全等价的，因为任何一组参数对于沉浸者沉浸于 VRCI 来说都不是不可替代的。

如果我们把 NR 看成一个被建造出来的 VRCI，那么我们一定可以发现一组与在建造 VRCI 时需要设定的参数值相对应的"自然参数值"——这被我们归结为 NR 物理律的质料性内容。这组参数当然也是 NR 存在结构的必要组成。NR 与 VRCI 参数一个表面上的不同在于，任何 VRCI 的参数总是由人类这样的建造者根据自己的意志设定出来的，而 NR 参数却不来自这样的"设定者"（我们暂时并不将话题引向神学讨论）。但"参数值的来源"无关于沉浸者是否可以在其中生存发展。如果沉浸者遗忘了他们进入 VR 的经历或者就出生于 VR 中，压根不知道他们一直沉浸于 VRCI 中这个事实，他们完全可以与在 NR 中一样生存、发展和探索未知世界。因此，我们可以将参数的来源剥离为一个对于沉浸者的生存来说无关紧要的因素放在一边，也就是说，"自然／人工来源"并不成为 NR 和 VR 存在结构的一部分。

既然我们在前面已经阐明"物质"并不是任何 VR 或 NR 存在结构的必要组成，那么我们可以将排除了"物质"后的可沉浸世界——包括 NR 和所有的 VRCI——统称为"感官世界"，即我们可以沉浸其中，表现出足够秩序性以使我们得以生存和发展的世界。我们在后面的分析虽然是对 VRCI 和 NR 分别展开的，但实质是针对所有这样的"感官世界"。

那么，我们可以说，每一个可能的感官世界都包含着特定的一组参数作为其存在结构的必要组成。在这一点上，NR 与 VRCI 并没有什么不同。NR 参数与 VRCI 参数的本体论地位也没有不同，因为它们都能对实现"完全沉浸"起到相同的作用。那么，NR 参数就只是诸多可能参数的其中之一，而非感官世界的存在结构的必要组成。

三、沉浸者的主体机能要素

如果我们允许 VR 建造者最大自由地设置 VR 参数，最大范围地变更沉浸者在 VR 中所能接受的刺激的过程，使 VR 向沉浸者呈现出各种各样的外部世界物理律，那么沉浸者会发现，在所有的变换过程中，外部世界物理律中的某些因素没有发生变更。这些要素是 VR 建造者无须也无法进行设置的。这些要素被认为与任何一个 VR 共存，没有这些要素就无法存在一个外在实在世界。那么，这些要素就是 VR 存在结构的一部分。这些要素包括时间、空间、因果规律、对个体的识别等。

1. 时间

在每个实在世界中，时间的存在被认为是显而易见的，没有时间就没有变化和运动，没有时间参数，大部分物理学公式将无法表述出来。VR 的建造者可以通过调节参数在某种意义上"控制时间"，使得某个 VR 中的时间"更快或更慢"地流逝，譬如设定 400 天为一年，而 12 小时为一昼夜——事实上，这个 VR 中的"1 小时"到底多长也是由建造者定义的。但我们很容易发现，这种所谓的"时间控制"所作用的其实依然是"时间"之外的东西，如 VR 中的太阳的升降速度或钟表的转速等被作为时间的公共测量尺度的因素，通过控制这些因素从而产生 VR 内关于时间流逝快慢的不同效果。这些被用来标示时间的尺度标准——在各个 VR 可以各不相同——说到底属于时间之外的世界；对于时间本身，建造者并没有任何途径能够进行设定和改变。

因为 VR 中的时间首先是与沉浸者联系在一起的，即 VR 中的时间总是首先表现为沉浸者的内时间意识，然后才被外在尺度所标示，而 VR 建造所针对的只能是沉浸者之外的因素。换句话说，沉浸者本身首先是在内时间维度中存在，而只有当沉浸者处于沉浸状态时，VR 才存在，所以说到底 VR 是处于沉浸者的内时间当中。所以，与其说时间构成了 VR 的一部分，不如说 VR 存在于时间维度中。康德认为时间是感性直观的形式之一，也就是说，没有时间作为直观形式，就没有任何外在世界存在。那么，时间之于 VR 的存续当然是必要条件了；同时，因为时间无须也无法被建造者所规定，所以构成所有 VR 存在结构中共同的组成部分。

2. 空间

空间的情况与时间非常类似。"空间（世界）"与"外在（世界）"的含义几乎是重合的。按照 VR 的定义，VR 就是一个（外）感官所朝向的世界，那么沉浸者就无法不把 VR 把握为处于空间中的。或者说，"非空间的 VR"是一个矛盾的概念。想象、信念正是不占"空间"的，如果 VR 不是一个空间世界，那么 VR 就与一个想象世界无从区分了。按康德的说法，空间是另一个直观形式。如果沉浸者在 VR 中所把握到的也是康德哲学意义上的"感性直观"，那么空间的存在就是感性直观被把握的前提条件。当然，如同我们会将空间归于 NR 本身的属性一样，VR 沉浸者也会将空间归于 VR。既然不存在一个非空间的 VR，那么空间就是 VR 存在结构中的一个要素。

我们最熟悉的空间莫过于作为一个均匀三维坐标系的经典力学空间，整个经典力学体系也奠基于此。这个空间的本质是一个"被视觉所定义的空间"，即视觉对这个空间起到初始定义作用，这个空间中的任何位置都是首先基于视觉而被确立起来的，而其他感官的"空间感"依赖视觉定义的这个空间而获得❶。譬如对于我们大多数人（非天生盲人）来说，听觉带来的空间感并非最原初的，而是基于之前听觉经验和视觉经验的长期配合而建立起来的，视觉经验中对空间位置的确定才是原本的。这意味着对于一个天生盲人来说，除非有视觉良好的人帮助他进行训练，否则他并不能像健全人那样仅用耳朵就能分辨出一辆在他面前呼啸而过的火车的运动方位，或者说他并不知道他的听觉经验在"视觉中心空间"中的含义。

事实上，VR 建造者可以通过调整参数设置出各种奇怪的情境，并使得沉浸者产生各种迥异于我们所习惯的空间感。譬如制造一个完全没有视觉的世界，沉浸者皆是"天生的盲人"——所有沉浸者眼前的显示屏自出生就不曾打开过，他们依然有机会在其中生存下来、实现交流并得到一个共同的空间概念，但可以想见，他们对空间的理解与我们所理解的空间截然不同。此即对莫邻诺问题（Molyneux's Problem）的否定性答案——天生盲人在获得视力后不能直接用眼睛区分开圆形物体和方形物体，而必须用手摸一遍才能让视觉经验和触觉经验对应起来，而 2003 年的医学实践已经证实了这一点。这说明天生盲人的空间感（包括对形状的辨识）是先于视觉而依赖触觉建立起来的，导致属于视觉经验的"形状"要依赖于触觉经验才能得到确认。

翟振明在《有无之间》中曾举过一个极端的例子，以说明我们现有的关于空间连续性的直觉和理解是可以被颠覆的。假设 NR 中的一颗子弹从视野左边飞到右边。将子弹飞过的轨迹均分为十段并依次给每段轨迹编号为 0 到 9，则我们看到的是各段轨迹位置关系为 0123456789 的连续视觉图像。而在某 VR 中，建造者可以通过调整参数，使得"子弹的图像将首先出现在右端，然后突然跳向左端，然后跳回右边（但不像刚才跳那么远），然后跳回左边，如此等等"，即各段子弹轨迹的位置关系会是 1357986420，"最后在中间 9 这一点上消失"。❷ 这是两种截然不同的运动方式和对空间连续性的理解，而已经习惯第一种的我们会觉得第二种运动方式简直不可思议，但"假如我们从孩提时代开始，将我们的虚拟现实经验按照例中改变后的子弹

---

❶ 翟振明. 视觉中心与外在对象的自返同一性 [J]. 哲学研究, 2006(9)：74-78.

❷ 翟振明. 有无之间：虚拟实在的哲学探险 [M]. 北京：北京大学出版社, 2007：49.

运动模式调整，则在虚拟世界中我们的心灵可能将习惯于将其感知为连续的。相反，如果我们除下虚拟现实设备，我们会感到子弹运动不是连续的。也就是说，我们的连续性和不连续性感觉（不仅仅是我们用这两个词的方式）完全反过来了。之所以如此，是因为在引起我们感知空间不连续性的信号之间没有内在的'裂缝'，而在引起我们感知空间连续性的信号之间也没有内置的'平滑'。空间连续性仅是我们构成性意识中协调感觉的重复性样式"。❶

我们甚至可以对 VR 中空间的可能形式做更大胆的设想。只要满足我们在前面提到的关于物理律设置的三条底线原则，一个 VR 的空间形式被设置成二维的都是可能的——试想把三维世界中所有与第三维有关的指标投射在二维平面上。固然，沉浸在这个世界的生活注定贫乏了很多，但其生存发展探索的基本需求依然可以得到满足。

无论建造者如何随意地设置 VR 中关于空间的参数，其对"空间本身"是无须且无从干预的。只要沉浸者能将 VR 把握为一个外在世界，那么这个外在世界就一定以特定的空间形式被把握。而在沉浸者沉浸于 VR 之前，这个 VR 的空间并不存在，所以"空间本身"其实是指每个主体具有的将外在世界总是以空间形式予以把握的能力。类比来说，"空间"像是主体作为一个中心"光源"向"外"投射出"光照"所形成的视域，而这个中心作为投射出视域的极点，却并不属于视域本身的一部分。翟振明曾指出："……自我认证的人本来根本就不在空间中，因为人不是客体领域内可以进行空间性辨认的实体。"❷ 无论 VR 最终呈现为何种空间形式，但始终不会跳出这样一种基本关系。也正因为沉浸于不同 VR 的始终是拥有同样空间投射能力的主体，因此空间本身不可能在不同 VR 之间产生差异。这种理解容易遇到的质疑在于如何说明空间是交互主体的，但这并不是针对关于空间的这种理解的，而是属于交互主体性领域内部的问题。但无论如何，对交互主体的空间的最终理解也并不会与对空间的这种初始理解相冲突。

3. 因果规律

在建造初级版本的 VRCI 时，为了照顾沉浸者的习惯和系统的稳定性（毕竟 NR 已经经历了很长时间的检验），建造者一开始可能会复制或仿照 NR 设置参数，使得像我们这样对 NR 很熟悉的沉浸者无法区分开这样一个 VRCI 和 NR 本身。建造者进而可以发挥想象力，并逐步调整 VR 中的物理

❶ 翟振明. 有无之间:虚拟实在的哲学探险 [M]. 北京:北京大学出版社,2007:51.
❷ 翟振明. 有无之间:虚拟实在的哲学探险 [M]. 北京:北京大学出版社,2007:21.

律——这正是 VRCI 的魅力之一，加入类似在影视作品或电子游戏中出现的"物理律"，譬如人可以具有飞行能力或存在"任意门"这样的装置。显然，这样的设置并不难想象和接受，而设置的限制范围在于不能违反三条底线原则：①不存在矛盾；②不至于使沉浸者无法生存；③向未知领域保持开放。在玩某个物理规则迥异于 NR 物理律的新奇游戏时，我们能够将游戏持续进行下去并力图取胜——这个事实说明我们完全能够掌握和适应游戏中陌生的物理规则。哪怕没有对规则的说明，对于高明的玩家来说，摸索出这些规则也只是个时间问题。与此类似，对于一个物理规则发生了变异的 VR，被抛入陌生环境的沉浸者也有机会给出一整套规则描述，乃至建立各种更基础的理论模型来说明这些规则，虽然一个与 NR 物理律的微小差异可能带来对 NR 物理理论的完全颠覆而需要另起炉灶。

这类"变异的物理规则"与我们所熟悉的 NR 物理律有着很大相似性和同构性，所以我们较容易把握。然而，我们还可以进一步设想，建造者可能出于恶意或疏忽，或出于实验目的，或本来就无须出于什么特殊目的，而以更加颠覆性地乃至最大限度地突破我们已有的认知习惯和物理理论的方式去设置 VR 中的参数，甚至可能将诸感官所接触的一切刺激"随机化"——我们感官所接受的刺激似乎真的回到了"杂多"状态。当然，在这里，刺激的"随机化"也会受到三条底线原则的约束。

这些限制是出于概念上的考虑。原则①之所以有效，是因为自相矛盾的设置会导致系统崩溃或设置失效。原则②的根据在于，按 VRCI 的定义，这个沉浸环境至少应当在原则上尽可能满足沉浸者对能量的基本需求，失去了沉浸者也就没有任何 VR 存在。VR 如果在理论上不能保证沉浸者的生存，就不能叫作"完全沉浸式虚拟现实"。支持原则③的理由与原则②类似，也是蕴含于 VRCI 概念中的。因为 NR 被认为是向未知和真正的无限性保持开放的，至少暂时没有理由认为是封闭的，所以要保留这种可能性。那么一个真正的 VRCI 必须能够保持这种面向未知和无限的开放联系，换句话说，一个一切参数都被建造者预先设定的封闭 VR 环境就切断了这种联系，也就不是 VRCI 了。

但这三条底线原则说到底还是很宽泛的，在此之外存在着非常大的设置空间。所以，沉浸者可能会落入一个令他感觉完全混乱不堪的世界——甚至称不上"世界"，而是一个缤纷斑驳、光怪陆离的幻境，或是感觉各个感官像出了故障，耳边是噪声而眼前是"雪花"——难以获得任何有意义的信息，或是发现各感官之间失去了协调性并丧失了对外界的反馈能力，像渐冻症患者一样被困在自己的"躯壳"内……在这样的沉浸环境里，大部分沉浸者可能会因为没能及时找到获得能量的方式而"死去"（意识真的消失或不得不退出这个沉浸环境），而一小部分"幸存者"能够维持着最低的生存保障，像我们的原始人祖先一样在恶劣的生存环境中艰难生活。

但一旦被放入这个世界，我们这样的沉浸者就会开始积极寻找这个崭新世界中的因果联系，并将遇到的每一个事实背后的世界归入因果领域或不存在线性因果的非确定领域。事实上，尽管一开始遇到的事实对于我们来说都是凌乱，但我们默认所遇到的世界都是受因果律支配和决定的，关于此最极端的表述如"拉普拉斯妖"。我们总是尽量去寻找事实之中的规律，如果能够成功建模并得到进一步的验证，那么这个领域就被归入这项因果律的统辖范围。对于一条可能成立的因果律，我们不会等它得到完全证成才接受，但只有当它被证伪时才会放弃。一旦被证伪，就造成了因果确定领域与未确定领域之间界限的变动和调整。而即使一个领域被证明在其中不能获得确定性，我们也并不情愿地放弃这项努力。这项"本能"如此强大，以致在真正随机的领域里，也会驱使普通人寻找里面的线性因果律，并衍生出"命理学"和"彩票学"这样的"学科"。

因为因果关系是否存在依赖特定的理论模型，而后者又依赖我们的建模能力，所以无论世界本身中是否存在持存的因果律，却没有人能够担保这样的因果律一定会被我们确认发现。这说明世界所表现出受线性因果律支配的条理秩序性首先来自我们的发现，即我们所发现的世界秩序并不是持存的，而是我们"识别"的结果。当然，我们会将"是否被数学 / 理论模型刻画"理解成客观世界本身的属性，而不是取决于我们的数学能力的高低。因为我们是有限的存在，无法突破归纳难题，所以我们能得到的因果律只能是"到目前为止是未被证伪的"，这也是因为，我们找到的因果律只能是"能够被我们主体把握的因果律"，总是一种主体能力的产物。像经典力学这样的理论模型对于我们这样有限的 NR 沉浸者来说实在是太有效了，以至于让我们通常都忘记了主体能力在其中的建构作用，将之默认成形而上学事实而接受下来，直到在将之应用于量子层面的研究时碰壁。量子力学的不确定性原理是得到逻辑上的证明才得到承认的。而直到今天，"上帝不掷骰子"的信徒远未消失，像多重宇宙这样的流行理论就是试图在不否定世界具有持存因果律的前提下能够理解不确定性原理。

对于一个处在被刻意营造出来的、尽可能排除规律性的世界中的沉浸者，我们首先需要关注的不在于这些沉浸者在这个极端环境里是否能真的找到因果律，而是在于他们"一定会找"。一个完全没有因果的世界对于他们来说是不可想象和难以接受的。显然，在短时间内，这些"幸存者"很难建立起关于这个沉浸环境的完整而系统的理论说明，把握其中的因果关系。但理论上，如果有足够多的幸存者或给他们足够长的时间，那么他们迟早会得到一套因果模型——无论这个 VRCI 本身是否存在确定性，无论他们找到的因果模型是不是真正刻画了这个世界"本来的因果律"。在这里，至少人择原理会起作用，"幸存者假说"也会名副其实——罗素的火鸡在被杀的前一天，其所拥有的因果经验一直是有效的。体育赛事中常有人总结出一些"魔咒"或奇妙的规律，直到被破除之前都让人感觉神奇地准确。甚至对于一个统计学规律，我们也不能在逻辑上断定在这里起作用的到底是"大数定律"本身还是丹尼尔·卡尼曼（Daniel Kahneman）所谓的"小数定律"——虽然绝对数值够大，但是相对于宇宙的尺度，依然是小数。归纳问题的风险始终存在，我们只能说随着概率越来越大，准确度已经到了让我们满意的层次。这样，无论是否存在或符合"世界本身／独立于主体的因果律"，沉浸者都有机会得到让他自己信以为"真"——以为是世界本身的因果律的"因果律"，虽然世界本身的因果律对他来说是永远不可达的——不能确认其存在，也不能验证是否准确。

因为沉浸者总是会把世界理解为受因果律支配的，所以沉浸者本身对于其在 VR 中得到因果律（哪怕这种因果律可能最终会被证伪）而言就是充分的。也就是说，在任何沉浸者看来，因果律都构成了一个 VR 的必要组成部分。既然没有沉浸者就谈不上 VR 世界，那么因果律对于 VR 世界就是必要组成部分了。所以，各个 VR 世界中具体物理规则可以大不相同，且对于沉浸者来说，各 VR 中的每一套因果律都是非必要的，但因果性本身是无法替代的，是所有 VR 共有的存在结构的一部分。

4. 物理持存个体

常识认为，我们的外感官所面对的物理世界是由一个个持存个体组成的。这体现为，我们把在不同时间被给予的经验材料并不看作毫无联系的碎片，而是按照某种内在联系"分为"一组一组，并把一组感觉碎片归于同一个整体。试想我们对任意一个日常物品——譬如一个花瓶——的经验：我们围绕这个花瓶从各个角度进行观察，离开放花瓶的屋子过一会儿又回来继续观察这个花瓶。反思这个过程，实际出现在我们视野里的是形状和颜色在不断变化的一团色块，而我们在其中挑拣出特定一些形状和颜色，并分为非连续的前后两组，将它们看作"关于同一个花瓶的"。

这种描述似乎只是描述了我们是如何认识一个花瓶的。在常识中，我们认为花瓶是自在持存的，而我们所感受到的正是这个花瓶向各个角度的展现。我们并不认为这些感觉碎片的分类和组合是依赖于我们的——不经反思，我们甚至意识不到实际被给予我们的只是一些感觉"碎片"。

为了解释物理个体的持存性，我们有了物质微粒的设想——把持存性设想为物质微粒的性质之一，而个体的持存性取决于它是物质微粒的组合。但这种理论设想其实发源于我们这样的日常经验：个体可以被物理分割，因而是由更小的组成部分组合而成的，而一直分下去到了分无可分之处的，就是作为"最小单一个体"的物质微粒了。看起来，物质为物理个体的持存性提供了一种形而上学说明，但这其实是试图把持存性推到我们看不见的地方从而可以拖延解释责任。根据我们前面所描述的"认识"个体的过程，我们对物质微粒的持存性的理解也只能来自我们默认的个体具有的持存性，对两者的解释具有相同的理由和解释难度。所以，问题的关键依然在于如何解释物理个体的持存性。

近代科学的发展成功一直在验证和推进着物质微粒理论，对微粒的进一步切割不断取得新进展，直到在量子层面遇到了不可跨越的困难。在量子力学基本原理——不确定性原理之下，"持存的粒子"无法得到自洽理解，这时我们不得不引入"观察者"这个必要因素。也就是说，在试图解释个体（相对于观察者的）持存性的物质微粒理论的最底层，观察者反而又起着奠基性作用。如此，个体所表现出的"持存性"也就与观察主体联系起来了。

如此缠绕复杂的关系在 VR 体验中却非常简单明晰。在 VRCI 中，我们可以获得与前面所述同样的关于花瓶的经验。但凡知道 VR 技术原理的人，稍加反思就会发现在"观看一个 VR 花瓶"时实际被给予我们的是什么——被计算机组织和协调，呈现在显示头盔上的一幅幅特定图像，使之达到与观看真实花瓶同样的视觉效果。很显然，VR 中的一个花瓶，作为沉浸者和屏幕之间的互动产物，无论表现出多么稳定的一致性、多么符合我们对真实花瓶的印象，但并不是通常意义上的"持存"。如果我们最终愿意将 VR 花瓶也称为"持存"，那一定意味着我们对这个概念做出了某种新的理解。

微妙的是，如果我们未加反思或压根不知道自己处于一个 VRCI 之中，那么我们会很自然地像在 NR 中一样，把视觉经验的来源都归于这个"持存花瓶"本身。如果 VR 建造者使得 VR 花瓶拥有与 NR 花瓶同样的物理性质，那么我们也会像对待 NR 花瓶那样，研究这些性质并可以获得与对 NR 物质微粒的研究相同的研究成果，并会以"物质微粒"理论解释 VR 个体表现出的持存性。如果我们在 NR 中会诉诸"物质微粒"理论来解释单一个体的持存性，那么像我们这样的 VRCI 沉浸者也会这么做。

无论物质微粒是不是构成 NR 的形而上学基础，我们都可以确定 VR 中是没有物质微粒的，而这并不妨碍我们在 VR 中获得关于物理个体的经验，那么这说明单一个体的形而上学基础并不在特定的感官世界内，更不在于物质。既然 VR 设备给予我们的仅仅是一些感觉材料的"碎片"，本身不足以构成个体，那么个体的确认也就不仅仅取决于被给予物，如此我们就只能到作为主体的沉浸者层面寻找个体的形而上学基础。

这并不是一个新思路，"持存个体"（不限于物理个体）本来就是核心哲学问题之一，所以从谈论 VR 个体引到这个问题也是殊途同归。在关于个体问题的既有理论中，除了把"物质"作为默认本体论前提（这样必然会陷入 FUP）的讨论，从主体（或交互主体）入手——不依赖或至少中立于任何物质预设——的进路本来也是主流思路。

笼统地讲，笛卡尔以降的主体哲学提供了一条泛先验心理学的思路，即持存个体依赖于主体的心理构造作用或构成机制。这些研究所面对的对象的范围非常广泛，而其中对感知行为的分析与 VR 中个体的技术描述有着天然的契合性。这样，以前需要通过内省和反思得到的一些结论在引入 VR 的视角后可以得到直接的确认或否定。再如，从"语言"角度入手，某些语言哲学观点把"持存个体"作为句法或意义结构中所蕴含的要素予以确认。因为"语言"的本体地位很特殊，可以中立于任何物理世界而被有效使用，所以基于语言的某些特征对持存个体的确认在 NR 和 VR 中就会同样有效，其在 VR 语境里蕴含的结论还可以成为检验其理论力度的试金石。

语言行为所具有的在 NR 和 VR 情境之间的有效"穿越性"，在协辩/交往（communication）行为上体现得更加明显。协辩行为并不依赖于某个语言理论的判定而被确认，而特定的语言哲学观点（如语义外在论）注定已经是协辩的结果。协辩理论也不与任何关于物理世界本体性质的断言联系在一起，只要能够进行有效的信息传递，处于不同层次 VR（以及 NR）里的沉浸者完全可以进行跨层次的协辩，类似于《黑客帝国》里的尼奥可以与锡安基地的墨菲斯进行交流。翟振明提出："……实在概念本来就是为了避免相对主义而设的。一旦我们知道这样的实在概念对避免相对主义不但无补而且有害，我们就很少理由再去可以坚持它了。在这种情况下，改良后的理性主义去除了诸如实体等先验项的独断假定，转而诉诸于主体间的一致同意观念作为合理性的最终基石。……既然协辩论证是我们作出有效性判断的辩护的最后根据，我们就不能指望用'实在'概念回过头来支撑协辩理性。协辩理性的界限，也就是判断力的合法界限……。"❶

　　按照这条思路，一切客观性（包括物理个体的客观性）都是主体间协辩的产物。我们并不容易注意到这一点，因为常识习惯性地将客观性的来源归于个体本身。而这在 VR 中很容易被推翻，因为沉浸者所面对的 VR 个体已经是沉浸者——譬如前述的心理构造机制——加工过的产物。而单个沉浸者所面对的 VR 个体与相对于多个沉浸者的持存个体的客观性又不相同。因为技术上的设置可以让不同沉浸者关于"同一个 VR 个体"的感觉经验产生差异，譬如在一个盒子里放着一只甲虫，一个沉浸者看到的甲虫的背部是有斑点的，另一个沉浸者看到的却是没有斑点的。但在通过一个协辩过程发现这种差异之前，并不妨碍他们把所讨论的默认为同一个个体，他们可能会毫无障碍地讨论这只甲虫的大小，动态及其他特征而并不会发现什么异样。因为他们有太多机会或需要与其他沉浸者讨论自己所看到或摸到的某个物理个体，而默认个体的存在是对这个个体的谈论得以进行下去的前提。"有 / 无斑点"是一个容易被发现和刻画的差异，而有些无关紧要或更加难以用语言描述的差异会一直隐藏在不为人言的地方。那么，多主体间个体的客观性只能体现为概率化的或动态可变的——依赖于主体间的协辩程度，随着协辩的推进而得到不断加强或减弱。也就是说，沉浸者们永远无法取得一种"绝对客观"的个体客观性，"个体"的持存只是因为其尚未被发现其"非个体性"。有趣的是，试想如果斑点甲虫这样的分歧发生在 NR 会发生什么？估计我们会找更多的人来看这个甲虫，然后研究出"斑盲"（来自"色盲"概念）或"斑点症"（来自"飞蚊症"概念）这样的病症来解释这种情况。

　　总之，常识认为，对一个物理个体的确认是以自在的个体本身（通常理解为由物质微粒组成的）作为标准的。但根据前述的各种 VR 情境，我们可以发现，没有这样一个"实在"并不妨碍我们在 VR 中识别出持存的物理个体，甚至在每个沉浸者眼中的个体被设置成不一样的情况，也不能阻断他们对主体间个体的客观性达成共识。

　　至此，我们描述了 VR 的这一层存在结构中具有代表性的几个要素。这些要素表现为 VR 的固有基本范畴，即无论 VR 的具体形式如何变幻，都不

---

❶ 翟振明. 有无之间:虚拟实在的哲学探险 [M]. 北京:北京大学出版社,2007:73.

会脱出这些范畴，否则就与"虚拟现实"的定义相冲突。更重要的是，经过辨析我们发现，这些范畴并不依赖于对 VR 硬件的特殊设定，而是取决于沉浸者（们）具有的某项机制。因为这种机制总是伴随沉浸行为，而沉浸者对于 VR 是不可或缺的，所以这些范畴构成了 VR 存在结构的必要组成部分。

现在，我们比照着这一存在结构来看 NR。这些范畴当然也能在 NR 中找到且对于 NR 是不可或缺的，因为对于沉浸者来说，NR 完全可以与某种形式的 VRCI 等同，那么任何 VR 都包含的范畴就自然也会被包含在 NR 之中。问题是对于 NR 来说，这些范畴的来源是什么？在这里显然不像 VR 中的这一存在结构来自沉浸者那么容易被看到。常识性看法可能认为其是 NR 所固有的，似乎有一种可能，是沉浸者从 NR 习得了这些要素，然后又将之施加在 VR 中。

可是在前两节我们已经从 NR 中剥离出了"物质"与"自然参数"这两层存在结构，如果这些范畴是 NR 所固有的，那么就存在于剩下的结构中，可能叫作"NR 的内核结构"。可它有什么特点呢？考虑到 NR 带给沉浸者的体验与特定形式的 VR 是无法区分的，那么如果不把前面剥离出的"物质"和"自然性"再放回来，我们很难赋予 NR 这样一种特殊性。说到底，这似乎仍是一种"先验实在"直觉在起作用。但我们前面已经指出了这种直觉的误区所在，那么再坚持这一点就只能诉诸一种常识形而上学的设定了。

事实上，在我们借助 VR 讨论这个问题之前，哲学史上关于外在世界的怀疑论已经对此做出了有力攻击：我们实际拥有的只是关于外在世界的经验，而对"外在世界本身"的情况是无从得知的，这样就存在一种逻辑可能性，即我们关于外在世界的经验是一场"梦境"。这样，就动摇了我们关于外在世界持续存在的信念，那么，对这个信念的持有就有可能是未经证成的。

一方面，怀疑论所采取的"同等经验效果替换"思路与我们是一致的，而且所针对的理论预设也是一致的。另一方面，我们从 VR 出发得到的关于 NR 的结论又与怀疑论不同，即不止停留在"存疑"上，而是试图进一步否定"NR 本身"这样实体的存在。所以严格来说，我们也是反对怀疑论的。

虽然怀疑论的提出形式往往是针对某个具体的事物或信念的，但使用常规的经验手段反驳怀疑论命题是无效的。用卡尔纳普的话说，关于亿万光年外是否存在一颗星球的问题是一个"内部问题"，而我们眼前的一个西红柿是否存在却是一个"外部问题"。内部问题终究可以在我们经验内部得到证实或证伪，而外部问题的解决在原则上就脱出了经验范围。所以，处理怀疑论的方法也都是非常规的"外部"手段，即需要跳出怀疑论讨论的层次，在"元"层面上反驳怀疑论者。有的策略，最典型如当代各种版本的语境主义，通过改变和修正知识标准，将怀疑论设想的情形从信念证成所涉及的范围中排除；有的策略试图通过说明怀疑论命题本身"无意义"而忽略之，譬如按逻辑实证主义的证实原则，因为怀疑论问题无法被证实和证伪，所以是"无意义"的，自然可以不被重视。还有一种处理方式，带有浓浓的先验味道，即怀疑论者的质疑主张本身成为可能的条件就已经否定了对特定内容的怀疑，例如，笛卡尔著名的"我思故我在"论证就试图反驳对"我的存在"的怀疑。再如，通过维特根斯坦的反私人语言论证，我们能够得出：既然怀疑论主张总是要借助语言做出，而不存在私人语言，那么对他心的怀疑论就压根无法提出了。

严格来说，这些策略并没有彻底否定怀疑论假设的可能性，其作用效果停留在使得怀疑论者远离这些信念的持有者，使得怀疑论主张无法威胁日常信念。因此，这些手段说到底只是"在一定程度上"反驳了怀疑论。这种微妙关系集中体现在这样一个论证线索上。斯特劳斯在《个体》中曾试图论证持存个体的存在，被看作当代"先验论证"讨论的发端。他使用的策略是：反思"我们总能识别出持存个体"——这种怀疑论者也会接受的事实——的必要条件，从而得到识别行为可能依赖的标准，即持存个体本身。而斯特劳德经过分析，指出这两者之间存在一个"跨越"，即从关于我们信念状态的命题跨越到了关于外在世界的命题，而这种跨越是难以成立的。他退而求其次，明确提出了弱目标的"适度性先验论证"（Modest Transcendental Argument，MTA）并放弃了对强目标先验论证（Ambitious Transcendental Argument）的尝试，认为那是无法成功的。通过 MTA，我们发现了一些"不受攻击"（invulnerable）的信念，包括相信持存个体的存在。因为这仍是关于我们的信念状态而非关于"外在世界"的论述，因此避免了跨越难题。这些信念之所以"不受攻击"，"适度性先验论证"之所以依然具有制约怀疑论的作用，是因为这些信念构成了我们信念体系的框架，因此具有了一种特殊地位，即与我们分享同样信念框架的怀疑论者不得不持有，因而无法反过来进行攻击的。❶❷

---

❶ Barry Stroud. Transcendental Arguments. Journal of Philosophy. 1968(Vol.65, No.9).

❷ Barry Stroud. The Goal of Transcendental Arguments. Understanding Human Knowledge. Oxford Scholarship Online Monographs. July(2002).

如果说斯特劳德的以上论断反映出了我们面对实在的真实处境，那么我们之所以最终不得不放弃"跨越"的尝试，可能正是因为通过"跨越"所要维护的关于实在的日常直觉本身就是有问题的。因此，我们至多达到的目标也只是迫使怀疑论者——只要他们与我们分享同样的信念框架——不得不接受自己的这种直觉而已。

　　在此，我们还可以发现对实在的这种"适度性"理解与量子力学之间存在某种有意味的联系。一般认为，量子力学比经典力学对自然世界有着更准确的刻画。但这样一种更接近"真实"的科学中的基本原理和经典实验——不确定性原理、薛定谔的猫、EPR 效应……却让我们困惑不已。蒯恩甚至因为无法理解量子力学所定义的空间而要以此否定矛盾律，他似乎没有意识到应该被颠覆的是对"空间"的传统理解而非矛盾律本身。如果量子力学是更接近"真实世界"的描述——量子理论是科学史上最精确和最成功的被实验检验的理论，而这更"真实"的世界却是我们无法理解的，尤其是在量子力学所描述的世界中并不存在被认为构成我们生活世界的单一持存个体，那么这些个体就并不像我们想象的那样是"客观真实"的，甚至是依赖于我们而存在的——用量子力学术语来讲就是"观察行为引起波函数的坍缩"。但如果量子力学家们在走出办公室后也不得不相信眼前的世界就是由单一持存个体组成的，否则他也无法理解和谈论它，甚至无法正常生活，那么这个信念在我们这样的存在者的信念体系中就是具有某种特殊地位的，至少无法被投身生活的人所否定。

　　一个同时接受了外在世界怀疑论与 MTA 的人不必像量子力学家那么"绝望"，因为他还可以抱有外在世界可能存在的希望，毕竟怀疑论没有彻底否定这一点。而与量子力学家处于相同境地的，大概就是一个通过思考或碰巧发现了 VR 底层秘密而又重新面对 VR 的沉浸者了——一如吃下了红色药丸又回到矩阵之中的尼奥。[1] 他们并不是怀疑论者，因为他们决绝地相信吃下红色药丸后获得的"真相"，即并不真的存在单一持存个体。对于"适度性先验论证"所揭示出的"不得不持有的信念"，他们并不像怀疑论者那样被迫接受，而会更加积极地予以主动承认这一点。即无须纠结于桌上的西红柿实际并非一个单一持存的个体，但如果把它当作这样的个体可以让我更方便地享受多汁的美味或与他人谈论它，或者说，"西红柿"本来

---

[1]《黑客帝国》中的一个情节：墨菲斯给了尼奥两粒药丸让他选择。吞下红色药丸，墨菲斯将回答"什么是‘The Matrix’"，而蓝色药丸会让尼奥的生活像以前一样继续。当尼奥伸手去拿红色药丸时，墨菲斯警告说："记住，我要告诉你的只有一样东西——真相。"

就只是看起来好像单一持存的东西。❶

但相对于"怀疑"的态度，"直接否定"毕竟是一个更强的主张。虽然我们清楚 VR 个体本身并非单一持存的，但我们如何由此推知 NR 个体也是同样的状况？除了量子力学的论断，在哲学上，我们似乎的确难以提供直接的理由，因为怀疑论也会同样攻击敢于声称 NR 中不存在持存个体的立论者。在这里，我们需要再次引入"奥康的剃刀"，毕竟这个原则是单向的，即诉诸更少形而上学负担的理论总是优于诉诸更多的，因此有理由把那样一个可有可无的预设去除。再退一步讲，即使我们承认 NR 中存在单一持存个体的逻辑可能性是永远不能排除的，那么这种猜测也是琐碎和无关紧要的。总之，如果单一持存个体真的存在，那么我们也无法保证它与 NR 之间存在独特联系。每当我们就 NR 或 VR 提出一个差异性特征的，又总是发现同样的理由对另一个也适用。这样，我们又回到了第三条反射对等律。

如果是这样，那么我们就可以把以上从 VR 经验分析入手得到的这些范畴同样揭示为 NR 的存在结构的一部分。也就是说，这些范畴是所有感官世界存在结构的组成部分。

四、强制给予性

如果我们对沉浸者沉浸于 VR 时实际被给予的经验做一个"减法"的话——减去前面分离出的 VR 存在结构的各个部分，我们可以发现，无论如何总还有些东西被遗漏，或者说这些东西不能被归于前面任何一个存在结构中。这包括颜色、声音、冷热、压感等。考虑到 VR 的技术原理，我们很容易理解这一点。沉浸者与 VRCI 设备进行互动，产生了一种"实在"体验。根据我们前面的分析，这个"实在"中的空间、因果律以及个体，都是沉浸者投射的结果。如果我们突然关掉 VR 设备，那么沉浸者的这些实在体验一定全部消失，很显然，VR 设备对沉浸提供了某些必要的因素。如果在沉浸者未穿戴起 VR 设备时将 VR 设备打开，那么此时虽然并没有"实在"产生，但"空转"的 VR 设备对沉浸体验所提供的必要因素就很容易被分离

---

❶ 需要注意到，这种"明知'虚假'，仍徜徉其中"的态度并不会带来伦理问题。矩阵、瓮中脑等案例所带来的伦理冲击并不是因为"虚假"本身，其关键在于这些体验场景被制造出来正是为了欺骗和控制意识主体的，从而损害了这些意识主体的尊严。而上面的描述仅涉及沉浸者个人的形而上学观点的转变，并不涉及主体间控制或被控制的伦理关系。

出来。这些要素具有一种强制给予性，即当这些因素作用于沉浸者的外感官时，他只能被动地接受。哪怕他有可能间接地改变或在某种程度上控制被给予的方式，也只能是选择从一种被动方式转变为另一种被动方式。当洪水来临时，我们可能有机会在多个应对方案中做出选择，决定挖掘某个方向的泄洪水道，但无论如何，洪水绝不会随我们的意愿平白无故地消失，我们必须付出一定代价来面对它。类似地，在 VR 中，沉浸者必然要与其之外的因素进行某种交互作用——即使他可以选择和改变互动的方式，否则就谈不上任何"实在"世界，而只是纯粹的想象。我们这样的存在者的生存必然依赖能量的补充——无论什么补充方式，我们的探索活动所面对的必然是一个对我们来说未知和无限的世界，而未知与无限性意味着我们首先只能以被动方式面对它们。所以，强制给予性作为 VR 存在结构的一部分是显而易见的。

强制给予性对于沉浸者表现为一种纯粹外在，完全单向地作用于沉浸者的感官，这一点也将其与因果律、个体等存在结构区分开，因为这些要素是被主体投射为"外在的"，而非纯粹外在性。在这里，很容易产生一种误解：把 VR 设备向沉浸者提供的"外在刺激"中的"外在"理解为一种空间关系，即 VR 设备在沉浸者的躯体外面。而根据上一节的论述，VR 设备和沉浸者的躯体作为 NR 个体也是主体投射作用的结果，所以"纯粹外在性"并非经典力学式的空间关系，而是意指一种消极的逻辑关系，即排除了取决于沉浸者的任何因素。由此，所谓"外感官"也并非特指我们真实躯体上的眼睛、耳朵、鼻子、皮肤等被认为是把我们与外界环境隔离开的物理分界面，更准确地讲，是指视觉、听觉、嗅觉、味觉和触觉等脱离了特定实在界面的"通道"，这里的"外"也是强调感官刺激来源于沉浸者之外的方向。也就是说，"外感官"本身在经典力学式三维空间中未有其位置。我们在第六章第三节已经阐述过，按照 VR 的技术原理，VR 空间完全是沉浸者由于双眼视差投射的结果，即视觉是前空间的，并且作为空间本身的可能性条件。所以，这里的"外在"关系就更不能用空间来理解。

因为沉浸者接受刺激的任何渠道并不会超出他在 NR 中躯体表面的感觉器官，而 VRCI 设备能够把沉浸者的真实躯体全部覆盖，也就是说，沉浸者与外在世界的全部交互途径都被 VRCI 设备囊括在内了。那么我们可以发现，沉浸者所能接受的外在刺激必然通过且仅通过特定的几个感官渠道。而对于这几个渠道之外可能发生的一切，要么根本不可能被沉浸者所把握，要么也只能通过这几个渠道来向沉浸者传递。所以对于沉浸者来说，唯一重要的就是他通过这几个感官渠道实际被给予了什么，除此之外的差别对他来说毫无意义。沉浸者看到了一个立体物，这到底是因为一个 NR 个体被放在了他面前，还是因为他的两只眼睛前的屏幕分别展现了两张存在视差的物体图像？或者说，这到底是在 NR 界面看到了这个物体还是在 VR 界面看到的？对于沉浸者获得实在经验来说，这无关紧要。这也是 VRCI 得以可能的前提。

这就意味着，这些感官刺激本身并不属于而是超越于任何特定的界面。事实上，感官刺激是前一界面的，无论是 NR 界面还是 VR 界面，却都是主体与特定感官刺激相互作用的结果。我们在前面提到，虽然不能阻挡洪水，但我们可以选择不同的泄洪方案从而控制洪水的走向。类似地，尽管我们不可能否认强制给予性的绝对被给予性，但我们有机会间接地改变强制给予性的给予形式。我们现有的大部分科技发明其实就是为了达到这个目的，最简单的例子如我们可以在阳光刺眼的时候戴上墨镜、温度过高的时候打开空调等。我们甚至可以把 VR 技术看成这一思路的终极版本，因为我们可以直接重新设置物理律的各种参数，颠覆性地改变感官刺激的给予方式。有一种情况可以帮助我们把一些问题看得更清楚：VR 的套叠是指在一个 VRCI 内再建造一个 VRCI2，而在 VRCI2 中又可以再建造 VRCI3……直至 VRCIn。不难想象，同一个沉浸者可以从 NR 逐层穿越到 VRCIn 中。在这个过程中，沉浸者体验到的是穿戴一套 VR 设备进入一个新的实在世界，然后穿戴上一套 VR 设备……如此反复的过程，但因为进入下一层 VR 所需的设备本身也是 VR 个体，所以在这个穿越过程中，感官刺激的实际变化其实都是发生在 NR 中支持第一层 VR 的硬件设备上。然而，这并不说明 NR 因此具有了某种本体优先性，因为这个事实首先说明的是强制给予性本身并不属于特定界面，各层 VR 所接受的感官刺激之间的区别在于刺激的形式，即 VR 参数的设定不同。既然我们在前面已经否定了 NR 背后存在任何单一个体的刺激源，那么 NR 所提供的感官刺激也就可以化归为强制给予性和特定的参数（NR 参数）。就此而言，强制给予性也是 NR 存在结构的一部分，而且其与 VR 存在结构中的"强制给予性"并无差别。

虽然沉浸者在 VR 中接受的感官刺激来自 NR 中 VR 设备对 NR 躯体感官的作用，但没有理由把 NR 作为感官刺激的初始起点，或者说把强制给予性与 NR 等同。因为 NR 本身也不过是强制给予性与主体作用而产生的界面，NR 躯体上的感官与 VR 设备的互动也只是强制给予性传递通道上增加的一个环节。而这个增加环节因为强制给予性本身的无限性失去了形而上学意义。如同给无限加上 1 得到的和仍然是无限一样，强制给予性也不会因为增加了一个传递环节而有什么变化。对于 VR 或者 NR 沉浸者来说，强制给予性按其概念本义就是一个"黑箱"——无论其"背后"的机制如何、如何运作，沉浸者得到的感官刺激已经是现成的，因而只能完全接受；其能做的只有提出理论模型来"猜测"强制给予性的可能机制，并以实验试探强制给予性的反应，从而不断验证或修正理论。而如我们在第六章第三节所论述的，无论给予我们的是什么，无论强制给予性"背后"是否真的存在我们所期待的某种运作机制，研究者都会不断调整理论模型以继续给出融贯的解释。强制给予性所具有的无限性以及我们的应对策略，一方面使得强制给予性在原则上就是无法被确切认知的，另一方面使得这个问题不足为虑。所以，沉浸者在 NR 和 VR 中所面对的强制给予性并无二致。但不同的"实在参数"（NR 或 VR 参数）造成了各种刺激形式，使得我们把它们区分开来。

在我们讨论的起点，即关于 NR 的常识观点那里，我们认为 NR 就是世界的最大外延范围，一切存在都会在且仅在 NR 中找到其位置。而我们的分析思路——存在于任意 VR 中也就意味着超越于 NR——就是一步步从 NR 中抽离出那些超越 NR 的要素来。我们否定了"物质"，并把"实在"理解为主体投射的产物；发现时空个体因果律的存在其实是主体的一种机能；现在又将强制给予性排除在 NR 本身之外。这样，NR 就成为一个很"薄"的概念，剩下来的无法被继续抽离的那些要素则正是 NR 或"自然"所代表的实质，即特定一组参数的代称。正是这组参数让 NR 区别于拥有不同参数的各个 VRCI。实在参数（以及特定的函数）决定了感官刺激的度和量，而沉浸者所具有的个体化、因果化等机能，进而将特定度和量的感官刺激处理为特定的实在形式。

强制给予性本身是前一参数的，因为强制给予性完全可以不按任何参数来设定，而是以一种随机的方式被给出。在这种情况下，一个沉浸者很可能来不及找到这个 VR 的实在参数就因为无法在其中生存下来而被迫退出。但在足够多的类似情景下，总有些情形可以让其中的沉浸者能够生存并繁衍下去，从而有足够长的时间"发现"这个世界的实在参数。如果上面这两个设想是正确的，那么这可以说明，实在参数其实也来自沉浸者本身的"数学能力"，即沉浸者有一种内在机制能够"整理"并得到感官刺激中的数学秩序。当然，他并不认为自己是"发明"了这种数学秩序，而只是发现了它。

　　如果"数学能力"本身也属于主体构建世界秩序的一种机能，那么数学方法被有效应用于自然研究中也就不足为奇了。伽利略说："自然是一本用数学语言写成的大书。"现在我们可以在对这句话的流行理解方式之外给出另一个阐述角度。按流行的理解：在没有意识到数学在自然科学中的作用时，每一个物理定律都是靠经验归纳建立起来的——正如亚里士多德所做的那样。在构建理论体系时，研究者需要直接面对并整合所有的经验材料，如此，理论体系的构建效率和严密性都很低。而利用公理化推演模式以及数学工具，从少部分的基础性经验材料中就可以通过公式推导得到理论模型，如此构建起的理论体系本身当然就是逻辑严密的。然后，研究者可以对理论模型所蕴含的结论进行经验检验，从而确认理论模型的有效性，并寻找数学公式的物理意义。如此，数学方法成为自然研究的必要手段，所以我们对自然的理解就不再是经验归纳的碎片的集合，而是数学化体系化的整体。按照这个思路，数学可以"书写"关于自然的一切。但如果"自然"也包括了物质和强制给予性这样的概念，那么就会带来一个问题：对物质和强制给予性本身如何用数学充分刻画——特别是考虑到强制给予性本身是前数学的存在？而我们将"自然"与 NR 存在结构中的其他因素剥离，把自然概念缩小为一组实在参数，用以意指自然（并非人工设定）产生的感官刺激模式，那么这句话就更加贴切和容易理解了。

　　对于借助 VR 框架对 NR 及感官世界进行的研究来说，强制给予性是研究范围在"外感官方向"上的极限。我们的研究仅能确认强制给予性的存在以及它与其他存在结构的关系，对于强制给予性本身是怎么产生的、感官"通道"的尽头在哪里，以及其能不能被进一步"内化"为主体的某种机能……从 VR 出发我们无从得知，因而只能悬搁这些问题。但我们可以否定对强制给予性的"体"的理解。因为"体"总暗示着单一持存的特点，而我们所理解的单一持存性首先来自主体投射的结果，但强制给予性在逻辑上又先于主体的任何作用，所以我们只好暂且将其形而上学特征定位于"性质"。

　　物理学中的"能量"或是非常接近强制给予性的一个概念。简言之，"能量"概念是为把各种强制性物理变化统一起来而作的理论抽象，并以此作为推动所有这些变化的终极原因。按照经典力学式常识直觉，一切真正存在的东西都会在经典力学式空间中有其位置或得到解释。如果这是真的，那么"能量"就会存在且仅存在于 NR 之中。但如果这个直觉是错的，则"能量"以及意识主体就可以是超越 NR 的。事实上，能量并没有特定的载"体"，而是"无形"的，其经验的存在证据只是一些物理现象（无论宏观还是微观现象）间的随附关系。那么，如果这些强制性限制也会体现在 VR 中，我们当然可以说能量概念在 VR 中依然有效。

第四节　虚拟现实与自然实在本体对等

至此，我们按照前面的思路，通过设想 VR 技术在操作细节层面上的可能性，运用预先确立的两个研究原则，确认了 VR 的存在结构。总的来说，VR 是沉浸者与 VR 设备互动的产物。与沉浸者的 NR 躯体的感觉器官直接接触的包围式沉浸设备，向沉浸者提供了与外在强制性力量相互作用的接口界面，物联网系统提供了与强制性力量进行交互反馈的底层支持，以满足沉浸者生存发展探索的需求。但关于 VR 设备的技术细节并不属于 VR 本身的存在结构的一部分，对于沉浸者产生意义的是他不得不与外在强制性力量进行交互作用，这使得沉浸行为与随心所欲的想象区分开来。强制给予性有多种多样的给予模式，而每种模式可以被归结为一组实在参数。在沉浸者穿戴好 VR 设备之前，在 VR 设备的刺激终端上并不存在一个 VR 世界，存在的仅仅是一些单纯看起来可能杂乱无章的物理变化。只有当沉浸者的感官开始接受 VR 设备所提供的全方位刺激（产生沉浸体验）之后，一个存在于时空内的、由 VR 个体组成的、有因果律起作用的 VR 世界才显现出来。所以，像时空、个体、因果律这些会被认为属于 VR 世界的因素只能是由主体带进 VR 的，也可以单独区分开来。而关于主体状态的其他方面，譬如意欲、想象、自我意识等，与 VR 并没有必然联系，所以不会被算在 VR 的存在结构中。显然，在 VR 世界中并不存在通常理解的单一持存的个体，VR 个体所表现出单一持存效果来自沉浸者对被给予的感官刺激的投射。

如果需要，VR 建造者完全可以设计一个让沉浸者与在 NR 中的体验无法区分的 VRCI，所以我们在 NR 中的体验只不过是可能的 VR 体验的一种。这样一来，我们对 VR 存在结构的分析，对于 NR 就同样有效。但常识认为，NR 是由单一持存的物质微粒组成的，这似乎构成了两者间重要的本体差异。但事实上并没有任何经验证据支持这个设定，而且 VRCI 的技术可能已经证明任何单一持存个体本身对于实现我们关于世界的实在感绝非必要，那么严肃的做法就是用"奥康的剃刀"将这个形而上学预设剔除。

在 VR 和 NR 的存在结构之外，即超出沉浸者经验范围的地方，NR 与 VR 之间似乎还存在着某种制约关系。因为 VR 硬件设备正是 NR 的一部分，这似乎说明 VR 受制于 NR 的状态。关于对等性论证的第三个反驳就是从这个角度提出的。经过前面对 NR 和 VR 存在结构的分析，首先可以澄清的是，"VR 设备"本身并不属于 VR 世界的一部分，因此不构成 VR 存在结构的必要条件。对于 VR 沉浸者来说，除非他退出 VR 回到 NR，否则 VR 设备永远都不会出现在他的世界里，而 NR 中 VR 设备的状况在刺激终端造成的任何影响都只会被他作为强制给予性整体的状况予以接受。

根据前面章节的分析，VR 或 NR 本身是沉浸主体与强制给予性多重作用下的投射产物，而决定这个过程和结果的因素，说到底只有沉浸主体、强制给予性以及让二者能够互相作用的感官通道。强制给予性"前一个体化"的特点，决定了其不会因为在"传递"过程中加了一个环节而发生形而上学性质的改变（正如我们看到的窗外景物并不会因为隔着玻璃而是虚假的），VR 沉浸者直接接触到的就是强制给予性本身。因为强制给予性并非单一持存的"体"，而 NR 作为一个实在界面也是被沉浸者投射出的（当沉浸者沉浸于 VRCI 时也就没有一个直观性的 NR 被投射出来），所以"VR 沉浸者与强制给予性之间'隔着'NR"这样的说法是不恰当和有误导性的。固然，VR 设备会改变强制给予性的给予模式，而强制给予性本身具有无限性和不确定性，但按照 VR 的技术定义，VR 系统并非封闭的而是依然向未知保持开放，而在无限性的基础上做变动得到的结果依然还是无限性本身。而且，沉浸者也总是会把（无论何种模式的）外在刺激单纯接受下来，并通过特定的主体机能将之处理为所投射世界本身的内在特征。对于直面生活的沉浸者来说，外在刺激"背后"的机制在其被发现之前是没有意义的，而之前隐没的机制一旦显现出来，那么这种机制本身也会被当成新的被给予性整体；对于进行反思性研究的沉浸者来说，他当然总是可以对外在刺激"背后"的机制提出各种理论假设与猜测，而当这种机制变成实际经验的一部分时，他就会继续探讨之前隐没的机制的"背后"机制。鉴于强制给予性的无限性和沉浸主体对外在刺激变动的不敏感性，NR 对 VR 的"制约"关系并不会造成二者存在结构的差异，或者被排除在范围之外。

第七章

虚拟现实中的他心问题

在前面关于 VR 的讨论中其实有一个默认前提，即沉浸于 VR 的不只有我们自己，还存在其他众多沉浸者。在一开始，VR 就被我们理解为多主体的 VR。也就是说，我们一直预设了他心的存在。虽然这在常识中被当作极为显而易见的事实，但在哲学反思态度下就不是想当然成立的，而是一个重要且棘手的问题。既然我们期待 VR 作为一条新的研究角度和进路，能够帮助推进或澄清经典的哲学问题，那么他心问题就自然成为我们需要面对和处理的。而且，VR 作为一项可操作、可实现的技术手段，直接作用于沉浸主体，能够对我们的社会生活和伦理关系产生实际影响，因此，有必要提前厘清相关基础概念，规避技术伦理风险。而他心问题涉及沉浸者对其他平等个体资格的认定，因而就属于这样的基础问题之一。

他心问题之所以会成为问题，是因为我们默认"我心"是超越于实在世界的，并且拥有一些只有第一人称可达的私密性经验，正因如此，"我"才会对另一个看起来像拥有这种私密性经验的人是不是真的拥有而产生疑惑。反观把"心"等同于特定物理状态或符号关系的研究者，对他们来说他心问题就不是一个真正的哲学问题，因为无论是他心的存在还是识别最终都可以直接通过对物理状态或符号关系的考察而得到答案。

由于我们在前面对心灵的理解保留了这种日常直觉，并在第三章反驳了物理主义和计算主义，所以他心问题带来的压力对我们是有效的。但因为借助 VR 展开的讨论所针对的正是"实在"界面，所以，如果心灵在本质上就是超越实在世界的，那么这意味着通过 VR 对实在界面背后的心灵的探讨注定是不彻底的。但他心问题的展开过程和已有的讨论会涉及实在界面，所以由 VR 提供的视角可以帮助他心问题的澄清和推进。VR 能起到这个作用的机制在于，既然 NR 与 VR 本体对等，而他心又是超越任何特定实在界面的，那么一个对他心进行有效刻画的理论就会在 VR 中保持同样的力度；反之，如果一个他心理论仅在 NR 中有效，而在 VR 中会失去解释力，那么这就说明这个他心理论所描述的只是他心在 NR 界面的一些特征，并没有充分刻画他心本身。所以，VR 在他心问题的讨论中起到的作用主要是一种消极的"筛选"作用，即就既有他心理论的薄弱环节提出反例而否证和排除这些理论，而有效的他心理论就不会受到任何影响。

他心问题可以被分为三个分支问题：概念问题、识别问题，以及关于他心的知识问题。概念问题针对的是他心概念本身的合法性，讨论他心是否存在，或者说一个唯我论的世界是否可能的问题；识别问题是在默认概念问题已经得到肯定答案后，对他心识别标准的探讨，即在满足什么条件下，可以把一个个体认定或否定为"他心"；第三个问题讨论我们能否，以及如何得到关于他心状态的知识。无论关于哪个问题的解决方案，如果其论证的基础依赖于 NR 界面的特性，那么就会被我们这里的讨论否定。对于第一个问题，单纯引入 VR 对反驳唯我论并无特别的助益，因为 VR 情境并不能对确认他心的存在提供额外的证据。我们当然也不能以"VR 必然需要VR 建造者"的方式来论证他心必然存在，因为 VR 的出现本身并不是必然的。与 VR 的特点相契合的是后两个问题。在当前技术水平下，制造一个看起来、听起来，以及内在结构都与真实人类个体无法区分的机器人依然是很遥远的事情，所以在现实语境下关于人偶（zombie）的设想仅能作为一个"思想"实验，我们并不会在他心的识别和判断上产生困惑。相比之下，识别和知识问题在 VR 中就产生了现实压力。

VR 中的人物形象有"人替"和"人摹"之分：人替（avatar）的举动受人类沉浸者控制，同时，人替在特定 VR 情境得到的刺激信号也会被反馈到沉浸设备上并作用于沉浸者的感官；而人摹（即 NPC）是由计算机控制，模拟人替举动的人物形象，并且常常被意图达到与人替无法区分的效果，而随着人工智能研究取得的重大突破——甚至已经有计算机程序被宣告通过了图灵测试 ❶——让这个目标看起来指日可待。另外，两个技术事实使这里的问题更加尖锐。一是最近流行的"大数据"思路可以让计算机不仅能模仿笼统意义上的人类，而且可以通过收集和处理关于具体某个人类个体行为的大量数据，从而精确模仿这个特定个体。试想，某个沉浸者为自己量身打造了一个这样的模拟程序，可以操控自己的"人替摹"形象在自己处于非沉浸状态（如睡眠）时能够继续以自己的行为方式与其他人打交道，而有一天他因为急病死去，甚至来不及关闭"人替摹"程序，那么这个程

---

❶ 在由英国雷丁大学举办的 2014 年图灵测试中，俄罗斯人弗拉基米尔·维西罗夫(Vladimir Veselov)创立的人工智能软件尤金·古斯特曼(Eugene Goostman)被认为通过了图灵测试。

序便会持续运行下去，而他的亲人和朋友可能一直认为他还活着。❶ 另一个技术事实是，我们有很大选择空间来编辑自己的人替形象，除了选择一个与自己在 NR 中截然不同的人物形象，改变自己的高矮胖瘦、肤色性别，甚至还可以选择一只动物、一棵植物或某个物件作为自己的人替。❷ 他心问题本来被认为是"无伤大雅"的怀疑论，并不会造成生活上的困扰，问题仅在于如何为关于他心的常识信念辩护，而且这似乎只是哲学家的工作。但当我第一次整齐穿戴 VR 紧身衣，沉浸于 VR 世界之后，这时，即使我不去做任何笛卡尔式的梦，却也不得不面对笛卡尔沉思里的一些困境了，如何认定面前的个体是不是他心就成为紧迫的现实问题，因为认定与否会带来重大的伦理后果。

在 NR 中，类比论证是非常符合常识的，我们在现实中、在识别他心状态时也是下意识地使用这条思路。类比论证的核心预设是我的身体状态与内心状态之间存在着固定的联系，而我的身体和别的身体又存在着相似性，所以可以以"身体"作为我到达他心的中介。之前，类比论证虽然也被诟病不能得到确证性结论，但并不会像在 VR 中这样彻底失去效力，因为在 VR 中我们可以任意地改变我们"身体"的样态，从而失去了到达他心的中介。这样一来，不只是类比论证，所有借助外在可见标准的解决方案，如

---

❶ 现在已经有人在进行一种尝试，采集足够多的一个人行为模式的数据，并用计算机进行处理，从而得到对其人格特征的精确刻画，在其死后，一个人工智能程序就会以这个人的行为模式继续在互联网上活动并与其他人打交道。按照网站开发者的说法，这样就实现了用户至少在网络空间的"永生"。实现这个设想并没有技术上的鸿沟，而 VR 中的人替又不过是这个设想的升级版。当沉浸者死去，VR 中的人替摹可以不受影响地继续活动，与沉浸者的家人、朋友保持互动关系。
但如果有人当真认为这样就实现了他的"永生"，他就面临着 FUP 指责。在第三章，我们已经指出现有的人工智能思路在原则上不可能产生意识，如果"永生"以意识的延续为必要内涵的话，那么这种方法显然没有达到这个要求。
与此相关且值得一提的另一个要点是，现在对虚拟现实沉浸方式的流行理解中并不排斥一种"黑客帝国式"理解，即认为某种侵入真实躯体的连接方式（譬如，在沉浸者颈后插入直接连接神经的电极）看作是与我们所描述的沉浸方式等价的。但我们并不能排除侵入式连接方式可能带来的某种极端后果，譬如，这种连接方式杀死了沉浸主体但人替摹程序却让其他沉浸者认为与其打交道的是被杀死的沉浸者本人。我们只能保证本书中所描述的沉浸方式本身是不会对沉浸主体造成伤害的，所以本书中只会在非侵入式连接方式的意义上谈论虚拟现实。
❷ 按照我们在前面所论述的，真实躯体不过是沉浸主体的"身体感"在真实空间中投射的产物，身体感本身才是"真实"的。经过大量的配合训练，身体感的不同感觉与躯体的各部分建立起一种对应关系，由此身体感在空间中获得了定位。既然这种对应关系是偶然性的，那么身体感也就有机会被投射到空间的其他位置（虚拟现实人替的各个部位）上，特定身体感与特定空间位置的对应关系可以被重新塑造。譬如，一个沉浸者在一个虚拟现实中把自己化身为一间房屋，当他以俯视的视角看到有人打开门走进屋子中间时，他的感觉可以是"手被挪动了一下，好像有虫子从大腿爬到了肚子上"。类似的经历多了，他就会把自己的身体感投射到门和地板上，并将之作为自己身体的一部分。

行为主义，都因此破产了。

但推进到这一步，我们发现其实在 VR 中的他心识别问题在严格意义上是无解的，即我们不能判断一个像人一样的 VR 个体到底是不是"他心"，也不能否定一个看起来不像人的个体不是"他心"。虽然这个结论在 NR 中显得很荒谬，但揭示这个结论的逻辑依然是成立的，即无论是我的身体（或人替）状态与心灵状态的联系，还是我的身体与其他身体之间的相似性都是偶然的，所以类比论证在 NR 中的貌似有效性也不过是偶然的。

在第三章我们反驳了计算主义，所以我们不会认为人摹或人替摹这类由计算机程序控制的 VR 个体是我们所说的"他心"，那么如果我们能够从后台查看一个能与我进行互动的 VR 个体是不是由一个人类沉浸者或某种量子计算机（如果心灵可以基于量子力学原理得到彻底解释并制造出来）控制，那么我们是否就解决了他心问题？

并非如此。"他心"概念中的关键在于"他"而不是"心"。即使我们有了心灵的形而上学标准，并能够以完全观察者的视角判断一个个体是否满足这个标准，但依然没有"解决"他心问题，而是避开了这个问题的痛点所在。"他心"是相对于"我心"而得到理解的；而"我心"相对于一般意义上的"心"的区别在于强调了第一人称视角下的私密性经验。按我们在前面章节的分析，心灵或者说主体，在概念上与"外在世界"相对，所以对心灵的充分定义中就需要涵盖第一人称视角下的经验——我们就不会认为人偶能够理解心灵，也不会认为黑白屋里的玛丽真正了解颜色。

也就是说，我是先对"我心"的经验有了把握，再把这种理解推广到一般性的关于心灵的形而上学标准上——而他心问题的提出发生在这个"推广"操作之前，也先于心灵标准的确立。所以他心问题并不是从完全观察者的角度去问的，而一定是由"我"来问：是否存在其他个体拥有与我同类的经验？眼前这个个体拥有与我所拥有经验同类的经验吗？如果排除以我心的经验作为参照标准的要求，那么压根就不会有独立的"他"心问题。就此而言，这个问题的答案也只能由我亲自去验证，因为我的私密经验只有我自己可见，所以他心是否符合这个标准也必须由我心来判断才算数。

但问题是，"'各心'第一人称视角下的个人经验"从概念上就确立了这些经验的唯一可达性，即对于完全观察者也是不可达的，这意味着我其实永远无法实现对他心——另一个第一人称私密视角的确认。这也就说明，完全观察者视角下得到的普遍性的心灵标准是在第一人称的视角（除了他自己的）之外的，因此，只能是一个"外部"标准，借助与"我心"对应的物理现象得到定义。无论这个标准是物理主义的还是"量子主义"的（即用量子力学原理来解释心灵），这种对应关系都不是必然的，而第一人称经验与所对应物理现象也不会是统一的，两者之间始终存在着概念鸿沟。

由此可见，"第一人称下的私密经验的存在"在他心问题里起着关键作用。所以，他心问题的经典处理策略就是否定这个前提，具有代表性的如维特根斯坦（Wittgenstein）著名的反私人语言论证所开辟的思路。否定私密性经验意味着我不能再把私密经验作为"我心"的要件，而需要用一个一般性的心灵标准——取决且仅取决于一些公共性的现象——去识别他心，而他心当然也不会有什么屏障阻止我的直接把握。如此，他心的识别自然就是小菜一碟了。这与其说是解决了他心问题，不如说是解构了这个问题，因为在否定了"我心"的特殊性之后再强调这是"他"心问题似乎就不知所云了。

放弃他心识别问题的彻底解决并不意味着我们在 VR 或 NR 中无法与他人相处。我们反而可以借助某种伦理直觉来反推在这个问题上的结论。设想当我们在 VR 中遇到一个似人的电子形象时的直觉反应，一般来说，按照我们的伦理直觉，在找到"这个形象并非由一个沉浸者控制"的证据之前，总会以对待他人的方式对待他；而如果我发现一棵"树"能够像人一样与我进行交流时，那么我就不会把它再看作一棵树，而是将之认定为一个"他心"。

也就是说，我们似乎默认接受了一种对他心的"尽量宽松的标准"，一个类似"无罪推定"的"他心推定"原则。而这背后可能的伦理理由是为了在最大程度上避免因为误认而造成对可能的他心的伤害。这个策略当然会造成他心识别错误，譬如，把一个人摹或人替摹当成了人替，但关键是这个原则避免了把他心当作"物"对待的情形发生。这个原则其实我们在现在 NR 的生活中也发挥着作用，谁知道我们是不是已经把一个人偶认作为他心了呢？

这不能算是对他心识别问题的解决，而是退到了"该如何对待貌似他心的个体"这个实践问题的处理上。但我们放弃用一种统一的心灵标准去解决他心问题的副产品，是给他心的绝对差异性保留了最大程度的空间。而且这个实践方案还中立于存在问题的解决，即无论是否有他心存在，似乎都应该像有他心存在一样去对待那些貌似他心的个体。

结语

我们的常识里一直存在着互相矛盾的两类直觉，有些直觉把心灵看作迥异于自然的东西，有些则把心灵看作自然的一部分。自然科学的长足进步和计算机科学的迅猛发展似乎为我们提供了充分的资源和信心对心灵"祛魅"，从而让心灵这难以攻克的最后难关终于变成自然中并不特殊的一小块。相应地，人的行为与社会表现出的所有奥秘都可以被还原为自然本身的奥秘，并通过对自然的研究最终得到充分解释。

人们乐观地相信这个目标一定会达到，似乎有价值的谈论仅在于如何实现这个目标，而鲜有人再去怀疑这个目标本身的可行性。这个信心也成为众多研究所默认的基本前提。譬如，模拟论证虽然试图颠覆我们对自己生存处境的基本认知，但并不反对前面这个前提，或者说模拟论证的所有论述都仍在自然化框架之下展开。

但如本书所试图揭示的那样，自然主义进路下的意识研究所取得的一切进展都是在一个大大的假设下的产物，而这个假设所指向的路径在原则上是一个"死胡同"。如果硬要把这条路走下去，那么就带来了一种危险，意味着我们要彻底修正关于心灵概念的直觉理解，以削足适履地使之符合自然主义进路下的单边定义。而且这种威胁正逐渐成为现实——对心灵持有坚决的"祛魅"态度俨然已经成为某种"进步"的象征。

在对自然主义思潮进行反思和反驳的学术努力中，虚拟现实概念提供了一个具有独特意义的切口。如本书所论述的，借助 VR 技术带来的直观视角，我们能够揭示出"自然实在与虚拟现实本体对等"的哲学蕴含，从而推翻自然主义默认的本体论基础，澄清"实在"和"自然"的概念，并借以恢复我们关于心灵的日常直觉。

参考文献

[1] Chalmers, D. J. Consciousness and its Place in Nature, in Stich, Stephen P. & Warfield, Ted A.(ed.), The Blackwell Guide to Philosophy of Mind. Blackwell Publishing, 2003.

[2] Chalmers, D. J. Philosophy of Mind[M]. New York: Oxford university press, 2002.

[3] Dennett, D.C. Consciousness Explained[M]. Boston: Little Brown and Company, 1991.

[4] Kant, I. Critique of Pure Reason[M]. Translated by W. S. Pluhar, Cambridge: Hackett Publishing Company, Inc.

[5] Searl, John.R. The Rediscovery of the Mind[M]. Cambridge: The MIT Press, 1992.

[6] Stern, R. Transcendental Arguments and Skepticism[M]. Oxford: Oxford University Press, 2000.

[7] Strawson, P. F. Individuals[M]. London: Methuen, 1959.

[8] Zhai, Zhenming. Get Real: A Philosophical Adventure in Virtual Reality[M]. Rowman& Littelfield, 1998.

[9] Zhai, Zhenming. The Radical Choice and Moral Theory: Through Communicative Argumentation to Phenomenological Subjectivity[M]. Dordrecht/Boston: Kluwer Academic Publishers, 1994.

[10] 彼得·F. 斯特劳森. 个体:论描述的形而上学 [M]. 江怡,译. 北京:中国人民大学出版社,2004.

[11] 丹·扎哈维. 主体性与自身性 [M]. 蔡文菁,译. 上海:上海译文出版社,2008.

[12] 笛卡尔. 第一哲学沉思录 [M]. 庞景仁,译. 北京:商务印书馆,1986.

[13] 康德. 道德底形上学之基础 [M]. 李明辉,译. 台北:联经出版社,1990.

[14] 康德. 纯粹理性批判 [M]. 邓晓芒,译. 北京:人民出版社,2000.

[15] 莫里斯·梅洛 - 庞蒂. 知觉现象学 [M]. 姜志辉,译. 北京:商务印书馆,2001.

[16] 倪梁康. 自识与反思 [M]. 北京:商务印书馆,2002.

[17] 齐良骥. 康德的知识学 [M]. 北京:商务印书馆,2011.

[18] 钱捷. 超绝发生学原理(第一卷)[M]. 北京:中国社会科学出版社,2012.

[19] 徐向东. 怀疑论、知识与辩护 [M]. 北京:北京大学出版社,2006.

[20] 张祥龙. 朝向事情本身 [M]. 北京:团结出版社,2003.

[21] 翟振明. 有无之间:虚拟实在的哲学探险 [M]. 孔红艳,译. 北京:北京大学出版社,2007.

[22] Bostrom, N. Are You Living In A Computer Simulation? Philosophical Quarterly, 2003a, Vol.53, No.211, pp.243-255.

[23] Bostrom, N. Do We Live In A Computer Simulation?. New Scientist, 2006(3).

[24] Bostrom, N. The Simulation Argument FAQ. www.simulation-argument.com, 2008.

[25] Bostrom, N. The Simulation Argument: Why the Probability that You Are Living in a Matrix is Quite High. Times Higher Education Supplement, 2003b.

[26] Bostrom, N. Why Make a Matrix? And Why You Might Be In One, in More Matrix and Philosophy: Revolutions and Reloaded Decoded, ed. William Irwin, Open Court, 2005.

[27] Dainton, B. Simulation Scenarios: Prospects and Consequences. 2002.

[28] Marjolein Degenaar, Gert-Jan Lokhorst. Molyneux's Problem. Stanford Encyclopedia of Philosophy. 2014,6.

[29] Papineau, D. Naturalism. 2015,9.

[30] Stapp, H. Why Classical Mechanics Cannot Naturally Accommodate Consciousness But Quantum Mechanics Can?. Psyche, 1995.

[31] Stern, R. Transcendental arguments: A Plea for Modesty. Grazer Philosophische Studien, 2007, Vol.74.

[32] Stroud, B. Transcendental Arguments. Journal of Philosophy, 1968, Vol.65, No.9.

[33] Stroud, B. The Goal of Transcendental Arguments. Understanding Human Knowledge. Oxford Scholarship Online Monographs, 2002(7).

[34] 翟振明,李丰. 心智哲学中的整一性投射谬误与物理主义困境 [J]. 哲学研究,2015(6):105-112.

[35] 翟振明,刘慧. 论克隆人的尊严问题 [J]. 哲学研究,2007(11):94-101.

附录

附录 1
虚拟实在（VR）技术的人文价值与伦理风险 ❶

一、背景与引子

"人文主义"或"人文精神"概念的基本含义在于"以人为本"，强调"人"在价值体系中的终极地位。这些概念的历史意义首先在于反制欧洲在漫长的中世纪中将"人"置于"神"之下的宗教观念，凸显和张扬"人"作为终极目的本身所在的主体地位，以及对个体理性能力的肯定和尊重——对此最典型的体现莫过于康德在《什么是启蒙》中喊出的"勇于使用你的理性！"。在这个阶段，科学与人文是一种相互促进和联动的关系：自然科学的长足进步动摇并破除了宗教在经验领域的绝对话语权，而人文研究为科学在实用有效维度之外进行合法性辩护和方法论奠基。同时，科技发展极大地解放了人力，使更多人得以追求更具内在价值的生活方式，并极大改善了人的生存质量，让人生存得更有尊严，也都使得"人本主义"目标得到进一步实现。

而在"科技"和"人文"战胜了共同的对手，现代社会彻底摆脱了宗教观念的束缚之后，随着科技的持续发展，二者间的协作和促进关系却逐渐演变为一种张力。科学观念（特别"自然主义"理念）的影响力在因果上开始压制人本主义的传播，科学的"祛魅"作用由上帝被延伸到"人"自身之上，对人的主体地位的确认反而因为科技的进步而被削弱。

发生这种演变的基本逻辑是，随着基于经典力学的自然科学体系的完善，把自然确认为唯一本体论实体的"自然主义"信条也由此成型并流行起来。在自然界中不但找不到上帝，在其中也同样没有给"主体"留出位置。按照自然主义式实在论观点，人是且仅是自然的一小块，人所具有的相对于自然的优先性和特殊性被理解为一种虚假的幻觉或者说是阶段性的

---

❶ 本文首发于《文化纵横》2017 年 10 月刊。

文化产物。不但上帝已死，所谓主体也终将"死去"。虽然在科学体系内部，量子力学理论给"主体"留出了空间，但这仍然是绝大多数自然主义者的基本论调。众多的泛主体哲学早已指出了自然主义的内在局限性。简单来说，在不涉及对"人"自身的研究时，自然主义的研究框架是强大而有效的。但如果自然主义者试图将主体自身也纳入这个框架作为对象，就会陷入这样一种吊诡，因为眼睛无法直接看到眼睛自己，于是按照"眼见为实"的研究原则，就应当否认眼睛的存在。而"眼睛"与"眼见之物"本属两类事物，用"眼见之物"的标准去判断"眼睛"，当然就僭越了界限。对主体的研究本就不能用针对主体投射之物的研究方法来展开，更不能因为缘木求鱼而不得就断言没有鱼存在。但在近代思想界强大的实用主义倾向下，这种为"无用的主体"进行辩护的声音却日渐式微，并往往被当作过时的理论弃之敝履。

其实，人文与科技之间并不存在内在的冲突，科技进步改善了人类生存质量，科学探索本身也是对人的主观能动性的彰显，我们需要警惕和反对的是在这个过程中可能发生的价值体系的本末倒置乃至虚无化，以及技术的不当使用对人的尊严造成的损害。技术浪潮冲击下的"回归人文"，实质是提醒和重申人是科技发展所指向的内在价值的最终依托，在任何科研及应用中人应当始终被同时当作目的本身。在这个背景下，最紧要的未必是人文范式的创新，而是一种回归和复兴——启蒙传统下对人的主体地位的基本论断并没有过时，其理论基础也决定了这些观念并不存在"过时"的问题，当然也适用于当下情景。所以，无论是人工智能（AI）技术还是虚拟现实（VR）技术带来的问题和挑战，都可以在这个维度上得到展开和定位。

二、VR 技术的人文价值

经过前面梳理，我们已经清楚，人是终极目的之所在，那么越有利于实现人的内在价值的技术就会得到更积极的价值评价。一般认为，VR 技术致力营造一个逼真但是虚幻的感觉世界。既然是"虚"的，VR 似乎就只能与娱乐和游戏联系在一起，而不值得被严肃看待。所以从表面上看，VR 的技术价值局限于一个狭窄的范围内，更勿论上升到人文层面。但如果我们反思一下 VR 的特性和技术上的可能性范围，就可能得到相反的结论，即 VR 技术恰恰承载了丰富的人文价值。

从所谓"虚"的方面来讲，VR技术天然适合于娱乐目的，用历史眼光来看，VR在人类"娱乐史"上的重要性绝不会亚于电影和电视的发明。"娱乐"是以快乐为目的的，借助想象力或某种形式的感官模拟来实现一种情境化又不会在现实世界造成实际后果，而VR技术正是以对感官体验的极致模拟为导向的。因为娱乐除了让主体获得快乐外并不会在现实世界造成直接影响，所以娱乐往往被认为是"无用"的。但这种非工具性恰恰是内在价值的一个标志，"无用"意味着一项价值并不能作为其他目的的手段，而只能作为其他手段的目的。如翟振明教授所指出的，"所谓人类生活的内在价值，是与其外在价值或工具价值相对而言的。比如，单从一个人来说，为了购买食物让自己生存下去而不得不从事一份枯燥乏味的工作，这种工作并没有任何独立的价值，其价值完全是工具性的、附属于生存需要的。另外，内在价值却是非工具性的。或许哲学家们在几千年的争论中还未能将具体哪些是人类的内在价值给出一个精准的划分和描述，但诸如幸福、自由、正义、尊严、创造这类基本内在价值是鲜有否定的。这些价值不是为了其他价值或目的而存在的，它们本身就具有至高无上的价值，失去这些价值诉求，人们生活所欲求的全部内容将不复存在"。既然快乐是我们的终极追求之一，那么一项可以单纯产生更多快乐的技术就是造福人类的。

当然，在做出这个断言时，我们也要注意到内在价值之间的冲突问题，即当对快乐的追求损害到其他内在价值时，这就构成了对快乐的沉溺。这时就需要这些内在价值共同的承载主体自己来做出取舍。但"自律与他律"本来就是一个永恒缠斗的问题，是外部于VR技术本身的。只要VR技术所增加的快乐并不必然损害其他内在价值，我们就可以断言，VR技术增加了人类社会的福利。

在现阶段里，VR能提供给我们的似乎仅仅是一些体验，VR世界似乎是有限和封闭的，如果体验者需要满足最简单的生存需要，也不得不脱下头盔，回到现实世界中来。但如果把VR技术与物联网技术结合起来，我们就可以从虚拟现实界面中操作现实世界中的物理过程，生存、生产乃至探索未知世界的任务了。这就是翟振明教授提出的"扩展现实"（expended reality，ER）概念，而这个思路的终极目标是实现"完全浸蕴式虚拟实在"（Virtual Reality of Complete Immersion）。除了发达的物联网技术，这个目标还依赖于一套能够把浸蕴者完全包裹起来并具有双向感压功能的"紧身衣"以及周边辅助设备，在技术上这尚处于设想阶段。但这种思路对于VR概念来说是一个质的转变，其意义在于，VR不再是一个只能进行单向体验的空间，而可以充分满足浸蕴者与外在世界的互动需要，理论上最终甚至可以实现全体人类的永驻其中。这意味着对人类生存方式和社会形态的颠覆和重塑。虽然其中蕴含着巨大的风险——我们在后面还会专门论述这一点，但就像所有技术革命一样，这首先是对自然加给人的诸种限制的又一次解放。

而 VR 的技术特性使得 VR 最具有形而上学意义的地方在于，这是一个按照我们自己的意愿创造出的世界，从而让我们站到了一个"造世主"的位置上。这是一种极其特殊的身位，可以说，"造世"是主体发挥其能动性的最极限的使用方式，因为这意味着对一直被我们默认为"绝对客观"的实在世界进行了颠覆和重塑。而我们在"造世"过程中仍然无法摆脱的限制就是我们这样的存在者不得不接受的终极被动性。这种具有形而上学意义的限制超越了自然实在加给我们的限制，达到无可继续追问的层次。"造世"也大概是我们所能进行的最有创造力的行为，不难想象，如此广阔和初始的巨大创作空间将成为艺术家的乐园。综上可见，VR 技术可以带来的变革势必超出某个单一领域，并且是全方位和深刻地对社会和生活产生影响，全面改善和提升人类的生存境况。

三、VR 技术可能的伦理风险

VR 技术作为一种强大的主体技术，有着广阔的应用前景，如果恰当地发挥作用可以极大增进人类的福利状况。但也与很多技术双刃剑一样，如果我们对此仅保持单纯的乐观而丧失了警惕，VR 技术同样可能造成巨大的伦理灾难。翟振明教授曾公开提示过两个维度上的伦理风险。

1. VR 次级技术风险

这里涉及的"VR 次级技术"特指一种"脑机融合"式的 VR 接入方式，这也是现在 VR 业界流行的一种观点，即浸蕴者接入 VR 的方式最终将摆脱现行的头盔或感压传感器途径，而以芯片植入人体的方式与浸蕴者的大脑和神经直接连接起来。因为这种技术构想并不属于 VR 核心技术原理，只是多种连接方式中的一种可能选择，所以本文将其带来的风险称为"VR 次级技术风险"。

其实 VR 技术就其核心技术原理来说本身并不会带来风险。因为现行的经典连接方式依然是作用于人的外感官，这样浸蕴者并不会接受比人在自然实在中所接受的更多的信号输入。"自然感官，主要是让我们接受认知性的信息，而不是让外来的控制信号随便侵入，这就为保护和维持我们每个个体的主体地位打下了基础。"而芯片植入式的连接方式就让信号绕过了外感官所构成的安全屏障，而以一种未知和不可控的方式直接作用于脑。关键在于，"由于现今人类对自己的大脑与自我意识的关联的认识还非常有限，也对认知性智能与自由意志之间的关联的认识基本为零，在这样无知的前提下贸然实施大脑直接干涉，很有可能将人类的自我意识严重破坏甚至彻底抹除。"根据 VR 的技术原理以及对实在世界的康德式先验反思，脱离了浸蕴主体的"浸蕴"，就根本谈不上任何（虚拟）实在世界。而将浸蕴主体置于使其彻底失去主体地位的风险当中，乃是 VR 技术最危险和最糟糕的应用。

为了防控这种风险，翟振明教授提出了三条"非对称原则"，这三条原则的规范作用对于任何涉及侵入性信号输入的技术——包括埃隆·马斯克（Elon Musk）的"脑机融合"构想——都同样有效。这三条原则是：

（1）从客体到主体这个方向，信息越通畅越好，控制信号阻滞度越高越好。

（2）从主体到客体这个方向，控制信号越畅通越好，信息密封度越高越好。

（3）以上两条的松动调节，以最严苛的程序保证以各个主体为主导。

所谓"非对称"，即强调信号流向难易程度的单向性，使得信号"易出难进"。这种不对称设置理念的根本目的说到底还是为了能最大程度地保证和维护浸蕴者的独立性和自主性，将被他人控制的危险降至最低。退一步讲，即使我们不能阻止植入式连接方式被应用到 VR 实践中来，那么我们也可以把这三条原则作为约束这种实践活动的最后底线。

2. 外部风险

另一种风险在于 VR 技术与外部因素叠加在一起产生的风险。换句话说，这些外部因素本来就是存在的，但 VR 技术可能会放大或加强这些因素的不良效果，所以也是我们在发展 VR 技术伊始就需要关注的。

如前所述，VR 并不只是一种提供单向体验的娱乐媒介，完全浸蕴式虚拟实在（VRCI）完全可能成为未来人类生存栖息于其中的空间，那么未来人类对 VR 世界的依存度就会比当下的人们对手机互联网的依存度还要大得多。而且，这种影响不只是在个人心理、人际关系，或社会形态层面起作用，还会直接作用到浸蕴者的生命安全和人身自由之上，因为 VRCI 系统直接承担着满足浸蕴者生存需要的任务。更加发达的 VR 技术也导致浸蕴者在更大程度上受到 VR 系统本身的制约，与之对应的是，那个对 VR 系统拥有终极权限的管理者也就有了前所未有的巨大权力。那么，在得到一种能够有效运作的去中心化权力机制之前，如何最大限度降低 VR 系统管理者可能的道德风险就会成为最重要也最棘手的问题。在 VRCI 中，公权力的运作与个体权利的保护之间的紧张关系会变得更加尖锐，因为 VRCI 技术使得当权者有机会且能够轻易对浸蕴成员实行一种全面而彻底的统治。特别是一旦叠加了脑机融合式接入方式，那么《美丽新世界》或《黑客帝国》中的惊悚场景就很容易成为现实。

但说到底，这种伦理风险并不因 VR 技术而产生，也不会因 VR 技术而消失，其产生根源是外部于 VR 技术本身的，所关涉的依然是自古以来人类一直面对的"政治"难题，但可能会因 VR 技术的普及而放大。作为 VR 的人文研究者，我们有必要将这种潜在的风险提示出来，对 VR 技术的进展和动向保持敏感、防微杜渐。

四、结语

"虚拟现实"概念的提出不过几十年，近几年的火热追溯起来大概是因为以 Oculus Rift 头戴式显示器为代表的硬件设备上的突破。但如果把这个突破放在一条设想的 VR 发展时间轴里，我们将会发现这段历史大概会是湮没无闻的，因为后面的历程还有太长，成就还有太多，以至于目前的发展成果简直可以忽略不计。那么按照我们现在的设想，如果 VR 的技术可能性能够基本实现，那么这将使得人类社会大跨步进入崭新阶段，在最深层次改善人类的生存境况，也会成为技术文明的又一个胜利成果。但这毕竟是理想状态下的发展路径，外部因素的存在使得这个过程始终存在发生偏差的可能，轻则导致伦理危机，重则有终结人类文明之虞。那么，人文研究者在这个进程中的首要责任就是对科技发展的根本目的保持清醒，以诸内在价值为准绳，跟进虚拟现实技术以及各新兴技术的发展动向，并预警可能发生的伦理风险，捍卫人类尊严。

附录 2　人工智能与艺术创作——人工智能能够取代艺术家吗 ❶

2016 年开始，以 AlphaGo 为代表的人工智能大出风头，并成为学界和业界持续的讨论热点。人工智能本来并不是新话题，这次大放异彩是因为深度学习卷积神经网络算法实现了商业级突破，从而打开了一片广阔领域。这个突破被认为是一个科技革命级别的进展，因为这种策略的成功并不限于围棋领域，而可以在多个领域实现同样级别的进展并产生颠覆性影响。这其中也包括艺术领域。譬如，2015 年 8 月德国西奥综合神经科学研究所展示了研究成果，让基于深度学习算法的 AI 通过对梵高作品的"训练学习"而掌握了绘出梵·高风格作品的能力，即能根据输入的实景照片"绘出"一张具有梵·高典型风格的画作，以致不知情的观众可能将之认作梵·高未被发现的作品。2016 年，微软公司开展了一个类似项目"下一个伦勃朗"，即试图"教授"一个 AI"学会"伦勃朗的绘画选题与技巧，最终成果是由 AI 生成一幅伦勃朗式男子肖像画并通过 3D 打印出来。可以说，把这幅作品挂到伦勃朗博物馆里也毫无异样。而在 2018 年 10 月 23 日佳士得拍卖会"多版艺术品"场次上，一幅被叫作《埃德蒙·贝拉米肖像》的 AI 作品还将以七千到一万美元的价格起拍。

已经和将要进行的类似尝试还有很多。这就带来了一个问题，即 AI 最终有没有可能像它在围棋领域碾压人类棋手一样，最终超越并完全取代人类艺术家？有些人乐观地认为随着深度学习算法的潜力被挖掘出来，这是迟早的事情，或者说人工智能在任何领域超越人类都只是时间问题，艺术 AI 超越人类艺术家只是其中的子问题。也有人认为这并不会成为现实，因为围棋与艺术创作属于不同的领域，而人工智能按现有算法，无法具有真正的创新能力。当然，更多人持一种观望态度，对此不置可否，我们在这个问题上的直觉也的确是很模糊的。

本文的目标正在于澄清这个问题。

---

❶ 本文首发于《现代哲学》2018 年第 6 期。

一、艺术概念的创造性要件

对于艺术家来说，艺术作品可分为"创作"和"习作"。"习作"指为了实现特定训练效果而做的针对性练习，临摹或模仿别人的作品也没有问题，并不一定要求作者有独特或完整地表达；而一件作品能被称为"创作"最重要的特征就是，这件作品或是主题观念、或是表现手法，至少在一个方面是崭新和独特的。这有时依赖于艺术家对私人经验的深度挖掘，有时来自艺术家单纯寻求与他人或既有作品的差异。总之，只有具备了某些创造性因素，才称得上"创作"。

所谓"创造"，按其本意，意味着从无到有，不依赖任何前因而凭空产生出超越既有经验的新因素。新创造物与既有物应有着本质差异，因此无法被归入之前的类之中。"创造"曾被认为是上帝的特权，随着人文思潮兴起，人的创造能力得到了确认和强调。在艺术史上与此对应的是，文艺复兴前所盛行的是写实倾向的宗教画，艺术被定位于忠实地反映自然或为宗教教化服务，并默认了对人创造性的压制。而文艺复兴之后的艺术史历程可以看成是对人的创造能力不断肯定和解放的过程。在现代派之后的当代艺术更明确把"创新"和"突破"作为核心目标和取向。

这要求艺术家总要在既有艺术经验范围之外提供一些"彻底的新东西"出来。所谓"彻底的新东西"，意味着其不能被既有的创作原则所统摄，甚至是对传统的彻底决裂。这些新经验扩充了人类直感经验范围，同时这个扩大了的范围又成为新的超越和突破的对象。这是对艺术概念，尤其是当代艺术概念最纯粹和最狭义的理解，而否定这一点就完全无法整体把握当代艺术脉络。也正因为当代艺术创作的目标就定位于打破固有和习惯性理解方式，当代艺术品常表现得"令人费解"，但这正是凸显其创新本质的内在要求。

如果一件作品完全落在了某个传统之内，或本身就是一种重复和模仿，那么就丧失了被载入艺术史的资格。这本身也是艺术史生成的基本逻辑，积极介入传统可以让艺术家更容易被理解和接受，但艺术家对艺术史的否定性"借鉴"和重新定义使其能够被载入艺术史。即使在前现代，艺术史的形成逻辑也绝不是单纯地记录，巨大数量的艺术家群体中，技法足够精湛的艺术家并非少数，但能被载入艺术史的终究寥寥无几。这纯粹是因为外在偶然原因吗？即使在写实主义的大框架内部，能被载入史册的艺术家也一定是在技法或效果呈现上有所创新或具有独特性。所以，艺术，尤其是当代艺术的核心精神之一就在于突破和超越既有经验，而不是重复、模仿或仅仅技法上的纯熟。框定了我们所讨论的艺术创作的基本含义之后，我们再来看另一个主题，深度学习人工智能。

二、深度学习的基本原理

"智能"可泛化为一种信息处理系统。人类接受外在刺激并做出反馈，以实现具有明确目的性的复杂功能，因而被认为是具有智能的。人工智能则意味着这样一种信息处理系统是由人工设计和制造的。而本文谈及人工智能的含义比字面意思要更加狭窄，即特指以AlphaGo为代表的基于深度学习卷积神经网络算法的人工智能。

经典的人工智能算法可以被看成是建立在"归纳建模"思路上，即模型来自对规律或规则的归纳，建模即在描述被描述对象的规则或本质，所以模型中的每个变量和函数都具有特定的规律或规则意义。这是我们熟悉并能够直观看到的建模方式。譬如，战胜卡斯帕罗夫的"深蓝"电脑程序就是技术人员根据几个国际象棋大师顾问的总结意见设计的。所以其基本设计思路是借助模型进行穷举，即利用计算机的计算力优势遍历一步棋后的所有可能性（事实上深蓝的算法有"剪枝"优化，并非"所有"可能）。对于设计人员而言，深蓝电脑是一个透明的"白箱"，深蓝电脑的对弈策略不会超出设计人员的理解，只是利用了计算机计算速度更快的优势而已。这跟用计算器计算多位数乘除的运算比人心算的速度更快并没有本质区别。这很直观，也很容易理解，所以我们也很清楚深蓝的可能性界限所在，即深蓝的博弈策略本身不会超出编制程序的象棋专家的掌握范围。

而围棋、图像识别、金融交易等领域比国际象棋要复杂得多，所以无法用归纳建模的方式来处理。也正是思路上的转换，导致了AlphaGo强大而神秘的力量。深度学习卷积神经网络的核心思路在于建立一个"预测模型：用一个拥有大量参数的万能函数来拟合用户所提供的训练样本……这个数学模型如同一个橡皮泥，可以通过变换它的参数集塑造成任何形状。"❶数据拟合是一种把现有数据通过数学方法来代入一条数式的表示方式。现实应用中，我们常会获得一些离散数据但又希望得到一个连续的函数或更密集的离散方程与这些离散数据相吻合，这也就是拟合的过程。"利用用

---

❶ 龚怡宏. 人工智能是否终将超越人类智能 [J]. 学术前沿, 2016(4) : 16.

户提供的训练样本对模型进行训练的目的，就是选择最优的参数集，使模型能够很好地拟合训练样本集的空间分布。通过训练得到的预测模型，实际上把训练样本集的空间分布提取出来并编码到其庞大的参数集中。利用这个训练好的预测模型，我们就能够预测新的未知样本 x 的标签或属性。"[1]

围棋的"取胜规则"比围棋规则本身复杂得多，人类棋手无法用归纳方式完成。AlphaGo"利用深度卷积神经网络这个万能函数，通过学习来拟合两千多年来人类所积累的全部经验及制胜模式，并将其编码到神经网络的庞大参数集中。对于当前棋局的任何一个可能的落子，训练好的神经网络都能够预测出它的优劣，并通过有限数量的模拟搜索，计算出最终的获胜概率……由于 AlphaGo 对每个落子以及最终胜率的预测，是建立在围棋界两千多年来所形成的完整知识库之上的，它的预测比人类最优秀的棋手更准确。"[2] 可见，AlphaGo 所找到的围棋取胜规则一定超出了人类理解，因为预测建模是在用拟合方式刻画离散样本间的外在联系，因此"万能函数的参数一般不具备任何物理意义，模型本身往往只能用来模拟或预测某个特定事物或现象，并不能揭示被描述事物或现象的本质及内在规律。"[3] 所以即使是 AlphaGo 的设计者也不可能直观把握到。对于设计者来说，AlphaGo 一旦开始了训练和学习，它就变成了一个以最终取胜为导向的"黑箱"。设计者只能根据 AI 系统输出的外在结果来检验其运作有效性。所以，AlphaGo 给我们一种强大又神秘的印象，乃至让我们对 AI 的能力做出过多想象。

熟悉深度神经网络的基本原理，了解 AlphaGo 的强大能力是如何获得的，对于处理我们的主题非常重要，因为这既框定了我们的讨论对象，也为问题本身提供了解答思路。我们可以看到，深度学习算法有两个关键步骤：

（1）通过"训练"得到拟合了足够多样本的参数集和万能函数，即一个"预测模型"。AlphaGo 就拟合了两千年来人类积累的全部经验及制胜模式，并通过不同版本的自我对弈生成了 3000 多万个对局，并编码为庞大的参数集。

（2）根据这个预测模型来处理和评价任何新样本，或在诸多新样本中选出与已有模型拟合度最高的那一个。在对弈中，AlphaGo 就是借之前得到

❶ 龚怡宏. 人工智能是否终将超越人类智能 [J]. 学术前沿,2016(4)：17.
❷ 龚怡宏. 人工智能是否终将超越人类智能 [J]. 学术前沿,2016(4)：20.
❸ 龚怡宏. 人工智能是否终将超越人类智能 [J]. 学术前沿,2016(4)：16.

的预测模型评估每一个可能落子点所带来的获胜概率，并总是选择胜率最大的那一步棋来走，以此发挥出计算机（远超任何人类棋手）的稳定性优势，从而取得最终胜利。

在这样一种策略中，隐含着一个重要预设，即新样本与旧样本被看成是同类的事物。因为只有这样，才有理由将根据旧样本得到的模型应用于新样本。这个预设在我们处理如下棋、人脸识别、金融乃至重要决策之类的情形时是没有问题的，因为在这些领域，我们遇到的几乎全是重复性经验，"日光之下，并无新事"。我们默认围棋的取胜规则、人脸的特征或群体人性是不会变化的，所以只要样本数量足够大，取样方式和算法设计足够合理，那么就可以针对这些复杂领域的问题建立起有效的模型来，进而处理在时间上属于新情况，但本质上并不会脱出既有样本范围的新对象或新样本。

三、原则上的不相容性

至此，我们可以把以 AlphaGo 为代表的人工智能突破的基本原理概括为：利用深度学习算法和计算机的算力优势，处理数量巨大且纷乱复杂的历史样本，从中得到一个预测模型，并以此处理与历史样本同质或相似的新样本。但这种策略在前述诸领域的有效性恰恰导致了这种策略在艺术领域里的注定失效。并且这种失效是概念上的，内在于深度学习原理和艺术概念本身，不可能也随着深度学习算法的改进而解决。

按我们上面的分析，艺术概念本身蕴含着对既有艺术经验的突破，创作总意味着扩展了既有艺术作品的范围，换句话说，一个艺术创作新样本只有不能被深度学习算法根据艺术史经验建立起来的万能函数所完全拟合，才算得上"艺术创作"。深度学习算法本质上是经验回溯式的，既没有脱离既有经验的取向，也没有脱离既有经验的可能。而艺术家对经验的利用方式不同于 AlphaGo，后者是对既有经验的模仿与拟合，而艺术家会在借鉴之外最终谋求对经验的否定和差异化。深度学习的运作机制与当代艺术的本质旨趣在根本上是逆向而行的。艺术家与"时尚引领者"之间一个共同点是二者都始终保持一种不断突破既有当下的态度。如同"对时尚的紧追"总意味着已经落后于时尚，深度学习对既有艺术经验的充分模仿也意味着如此产生的作品注定失去了艺术性。换句话说，卷积神经网络在技术上越成功，在艺术上也就越失败。所以，本文开头提到的 AI 作品就首次以 AI 作为创作手段来说是艺术性很高的，但就 AI 产生的画面本身而言，已然不能算作真正的艺术创作。

但既然"创新"首先是一种否定性含义——与既有经验存在着差异，那么似乎只要避免了重复就可以算作"新"，而"随机性"就有机会满足这个弱化了的否定性要求。如果一个艺术 AI 在创作时加进随机参数，似乎就有可能得到超出既有经验范围的艺术作品。单纯从第三人称视角判断，我们不能否认这种可能。可以想见，艺术 AI 给出的一件作品很可能被认为比一些普通艺术作品更加出色，或像文章开头提到的 AI 作品那样，至少不亚于普通人类艺术家的作品。

这就涉及艺术概念的意向性要件，即艺术行为总是一种意向行为，艺术品总是作为意向对象而存在。所以，仅仅根据第三人称经验并不能判定一个物件是不是艺术品。有些奇石"鬼斧神工"，有足够的审美价值，但本身却不是艺术品；假设因为偶然原因，一群蚂蚁组成了达·芬奇素描的图案，也不能被认作一件艺术品。而意向性对于艺术品的认定却可能是决定性的，如丹托在《寻常物的嬗变：一种关于艺术的哲学》❶ 中举的例子，同样一块红色画布，因为意向结构的差异，可能是一件极简主义作品，也可能是一幅刚涂完底色的未完成画作，或仅是一块红色布料。所以艺术品的认定是超越于第三人称视角下的表面经验的，而取决于特定的艺术意向性。

那么，即使艺术 AI 能够产生在第三人称经验上与人类作品无法区分的作品，但因为 AI 并不具有真正的意向能力，所以 AI 是不能进行真正的艺术创作的。AI 利用随机性算法产生的"作品"本身并不具有艺术品地位，而是像自然界的奇石一样，有待具有艺术意向能力的意识主体的拣选。当且仅当一个艺术家用艺术发现的眼光将一个"现成物"——一块奇石、一个小便池或一件 AI 产生的作品——拣选出来并命名为艺术品时，这个物件才有了艺术表达的含义。相比之下，AI 本身却没有做出这种判断的能力和资格，所以基于深度学习算法的 AI 无论什么时候都不可能进行真正的艺术"创作"。

四、不同形而上学来源与心灵哲学预设

人工智能的作品与人类艺术家的作品可以高度相似，以至于可以像

---

❶ 阿瑟·丹托. 寻常物的嬗变——一种关于艺术的哲学 [M]. 陈岸瑛，译. 南京: 江苏人民出版社，2012: 2.

"下一个伦勃朗"的成果那样，在经验上无从区分。但按我们在上一节的论证，深度学习式人工智能的作品永远无法成为真正的"创作"，因为这种 AI 在原则上无法真正地"无中生有"。根据深度学习算法所产生的作品，即使对固有经验进行变形和重组，其形而上学来源依然是被给予的训练样本。而如果人类能够进行真正的艺术创作，即在既有经验之外生成新的经验，那么人类一定具有能够"无中生有"的形而上学来源，一项突破有限性而向无限性开放的能力基础。这也要求我们给出一个关于真正的"创新"何以可能的形而上学解释。

我们把这个来源归于人类的自由意志，即能够不依赖于前因而行动的动因体（agent）。无论在常识视角还是学术视角，自由意志都是最基础的概念之一。其本意非常明确，虽然对其进一步的解释富有争议性。按照本意，"自由意志"在概念上蕴含了无限性和开放性，能够超出既有经验范围而凭空产生新元素，构成了创造性的根本来源。如果"艺术创造"真如我们所理解的这样，那么我们就必须将其归根溯源到艺术家拥有的自由意志上去，即"创作"最终的形而上学来源。

但"无中生有"过程在自由意志中的具体发生机制是什么？我们在此悬置这个问题，但这并不会影响到我们的结论。对于我们来说，这的确是神秘的，而这种神秘也可以归到自由意志本身的神秘性中。在我们这个把经典力学作为理解世界的首选理论框架的时代，这似乎是一个难以理解和接受的说法。与"无中生有"概念同样神秘难解的话题大概是宇宙起源与量子力学不确定性的原理了，这些主题同样充满争议。到这里，我们似乎触及了某些讨论的边界，或者面临一些基本问题上的困惑。

但并非所有人都同意将 AI 作品和人类作品在形而上学来源上做这样的区分，而这种分歧来源于更深层次上心灵哲学观点的差异。本文在此将基于深度学习算法的 AI 和被认为拥有自由意志的人类艺术家分列讨论，也就潜在地否认了这样的 AI 可以具有人所具有的心灵。换句话说，只有把深度学习式 AI 与人类艺术家看作两个范畴的存在而不等同起来，才有了对二者在艺术创作能力上进行进一步比较的意义和必要。而在特定心灵哲学观点，如计算主义看来，心灵与计算程序之间不存在不可跨越的鸿沟，心灵具有的任何能力最终可以通过特定的算法实现，当然包括自由意志以及"无中生有"的创造能力。反之，对于计算机不能拥有的能力，人类也不可能独占。事实上，在计算主义者看来，我们在前面关于艺术创造的描述本身就非常可疑。

如果计算主义成立，本文所关心问题的答案也就显而易见。即如果 AI 与人类智能本质上就是一类东西，那么关于 AI 能不能超越人类艺术家之类的问题压根无须讨论，答案几乎直接蕴含在计算主义主张里面。无论艺术活动看起来多么玄虚，也无非是人的意识活动之一，而意识活动的本质在于计算，那么拥有更强计算能力的 AI 在原则上必然会超越人类，无论是围棋还是艺术活动。AI 当然可以成为艺术家，并且，借助计算力的优势赶上并超过人类艺术家也只是个时间问题。

对计算主义的讨论不胜枚举 ❶，本文可以看作这些讨论的延伸，即特定理论在艺术领域带来的特定结果，抑或艺术领域对这些理论的反馈。在人类艺术家是否存在超越 AI 的特质这个问题的争议的底层分歧在于对人和世界的一些基本问题上的认定差异，并带来各自的后果。对"无中生有"能力的确认会破坏对世界最简洁的理解方式——经典力学框架的完备性，并因引入超出这个框架的神秘之物而带来了更多解释负担。而计算主义者的主张首先带来的代价是对"艺术"的虚无和解构，就像他们宣称或暗示自由意志是"幻觉"一样，我们的意识世界也是封闭和有限的，那么"艺术创作"将跟吃饭、睡觉等单纯生物活动没有区别，而并非常识生活世界所理解的作为人类尊严与终极意义的重要来源。

需要补充的是，我们这里谈论的 AI 所指代的是运转于图灵机之上的 AI 程序，即当下提到人工智能时默认的预设，而没有完全排除其他某种形式的"人工"智能体成为艺术家的可能性。量子力学理论本身容纳了意识所具有的整一性和不确定性特征，这就给用量子力学框架解释意识和自由意志留出了理论空间。那么我们就有理由期待基于量子力学原理制造的量子计算机有朝一日成为具有自由意志的人工智能体的载体，而本文讨论涉及的 AI 并不涉及量子人工智能。

五、AI 在艺术领域的应用空间

如果 AI 不能取代或超越人类艺术家，那么它们会在艺术领域带来什么样的影响呢？

---

❶ 翟振明教授与笔者曾针对计算主义做出过反驳 [翟振明，李丰，《心智哲学中的整一性投射谬误与物理主义困境》，《哲学研究》，2015(6)]。基本思路是指出计算主义预设的定域原则(Locality Principle)，在原则上无法彻底解释意识的一个内在特征——整一性特征，因而任何基于定域原则建立起来的意识理论对于意识解释都是非充分的。

从文明进程看，人工智能在现阶段的意义仍在于进一步解放人力，类似工业革命时蒸汽机解放了人力，人工智能革命将人从低等脑力劳动中解放了出来，因此也必将像集装箱的发明取消了码头工人这个职业那样，取代很多脑力"码头工人"的工作。长期和整体来看，技术进步总是改善人类整体福利，并为个体更好实现自身内在价值提供外在条件。

在艺术创作过程中，同样存在着低创意要素的艺术活动。如果人工智能在艺术创作的某个方面能够做得比人工好的多，那么这部分内容就具有很强的可替代性。比如，以美观舒适为目标的设计等重复模仿性工作，这样的岗位会最先被 AI 取代。事实上，这样的事情已经发生，阿里巴巴公司开发的 AI 已经在 2017 年双 11 期间以每秒 8000 张的速度设计了 4 亿张海报；paintschainer 这样的线稿自动 AI 上色网站也已上线运营多时。与其说未来 AI 能够取代很多艺术家，倒不如说他们现在的"创作活动"本来就不是那么有艺术价值。犹如照相机取消了简单镜面式画家的艺术家身份，AI 也注定会让某些艺术家的身份发生贬值。同时，AI 的介入并不会损害艺术家主体地位本身，犹如艺术家借助助手创作并不会否定艺术家的成就一样，AI 在此所做的始终是辅助工作，作品总是依赖于艺术家的创作意图和取舍抉择。

另外，AI 技术的普及可以让艺术家摆脱低级脑力活动而集中精力于作为核心的创意本身，从而拓展能力范围、提升创作效率。甚至，从一个整体和长期的视角来看，AI 介入艺术会加快艺术史的进化速度。每当进入一个新的艺术史范式，AI 就可以以已有作品为样本库，将相关的各种可能性迅速挖掘出来，从而加快艺术范式成熟，促使艺术家们更早开始新突破、打开新维度。

六、结论

艺术概念的要件和深度学习人工智能的原理决定了二者的不相容性，相应地，人类艺术家和艺术 AI 的作品有着不同的形而上学来源。如果要否定这一点，就需要诉诸计算主义，进而解构掉我们关于艺术的常识性理解。但这里的讨论不会否认 AI 的辅助价值。无论对于艺术家个体还是群体，AI 的介入都会帮助或促使他们聚焦到"创造"本身和实现内在价值上来。

【参考文献】

[1] L. A. Gatys, A. S. Ecker, M. Bethge. A Neural Algorithm of Artistic Style, 2015.9.

[2] 龚怡宏. 人工智能是否终将超越人类智能 [J]. 学术前沿, 2016（4）.

[3] 阿瑟·丹托. 寻常物的嬗变——一种关于艺术的哲学 [M]. 陈岸瑛, 译. 南京: 江苏人民出版社, 2012.

[4] 翟振明, 李丰. 心智哲学中的整一性投射谬误与物理主义困境 [J]. 哲学研究, 2015（6）.